Richard Deiss

Von der Blauen Banane zum Rhabarberdreieck

222 Regionsbeinamen und was dahintersteckt

E-Mail-Adresse des Autors:
Richard.Deiss@gmail.com

Herstellung und Verlag: BoD – Books on Demand,
Norderstedt

Sechste Auflage 2021, Originalausgabe

©Richard Deiss, Berlin 2021

Printed in Germany

ISBN   978-3-754-3984-01

**Bibliografische Information der Deutschen
Nationalbibliothek**

Die Deutsche Nationalbibliothek verzeichnet diese Publikation
in der Deutschen Nationalbibliografie; detaillierte bibliografische
Daten sind im Internet über http://dnb.d-nb.de abrufbar

Inhalt

Vorwort

Während zur Herkunft von Ländernamen viel Material verfügbar ist, gibt es zu den Beinamen von Regionen weder vollständige Listen, noch Zusammenstellungen, wie es zu diesen Beinamen kam. Das vorliegende Buch versucht deshalb wichtige Regionsbeinamen aufzulisten und zu erklären. In manchen Fällen gibt es dazu interessante Geschichten und so ergibt sich eine Geographie aus Beinamenperspektive. Schwierig ist die Auswahl, wenn ein Begriff zwar interessant, aber kaum bekannt ist oder lediglich einer journalistischen Ad hoc-Kreation oder Marketingschöpfung entspricht. Im Zweifel wurden Begriffe weggelassen, die wenig verbreitet sind.

Die *Blaue Banane* ist übrigens eine Region in Westeuropa, die sich von Südengland bis Norditalien erstreckt, das Rhabarberdreieck ist eine nordenglische Region.

Ich hoffe, die vorliegende Zusammenstellung von Informationen und kleinen Geschichten zu Regionsbeinamen ist für geographisch Interessierte nützlich und kurzweilig zu lesen. Eine regelmäßige Aktualisierung ist geplant.

Die in der letzten Aktualisierung im Herbst 2021 zusätzlich aufgenommenen Begriffe sind auf der nächsten Seite aufgelistet.

Berlin, im Herbst 2021
Richard Deiss

In der sechsten Auflage wurden folgende 20 Bezeichnungen neu aufgenommen:

<u>seit längerem bestehende Begriffe:</u>

- *Schwanzfeder des Kaiseradlers (Vorarlberg)*
- *Medical Valley, Medtech Valley (Tuttlingen)*
- *Region, die es nicht gibt (Molise)*
- *Chiantishire (mittlere Toskana, wohlhabende Briten)*
- *Silicon Valley of Moravia/Central Europe (Brünn/Brno)*

<u>relativ neue Begriffe:</u>

- *Crypto Valley (Kanton Zug)*
- *Klepto Valley (Kanton Zug)*
- *Patagonia Crypto Valley (nahe Bariloche/Argentinien)*
- *Circular Valley (Rhein-Ruhr, Drenthe und andere)*
- *Silicon Valley of automotive industry (Baden-Württ.)*
- *Motorsport Valley (Oxforsshire)*
- *Silicon Woods (Kaiserslautern)*
- *Battery valley (Brainport Eindhoven)*
- *Klemmen-Valley (Ostwestfalen)*
- *Lipstick Valley (Crema/Mailand)*
- *Odense Robotics (Odense)*
- *Portugal´s bike valley (Agueda valley)*
- *Flanders bike valley (Beringen)*
- *Toskana für Arme (Marken)*
- *Virol (Tirol)*

1. Beinamen, die mehrere Regionen betreffen

1.1 Vergleich mit anderen Regionen und Ländern

Die Schweiz

Die Schweiz steht für landschaftliche Schönheit, für Wohlstand und ein gut organisiertes Staatswesen. Die beiden letzten Merkmale werden oft für den Vergleich von Ländern angewandt, zum Beispiel Costa Rica als die *Schweiz Mittelamerikas,* der Libanon als die einstige *Schweiz des Nahen Ostens,* Bhutan als die *Schweiz Asiens,* Swaziland bzw. Lesotho als die *Schweiz Afrikas.* Noch häufiger wird der Begriff Schweiz für schöne, topographisch bewegte Landschaften angewandt. Weltweit gibt es fast 200 Schweizen, darunter mehr als ein Drittel in Deutschland (siehe Liste im Anhang). Wikipedia führt 73 deutsche Schweizen auf, siehe http://de.wikipedia.org/wiki/Schweiz_(Landschaftsbezeichnung.

Neben dem Bundesparlament der Schweiz in Bern gibt es einen 1992 angelegten Steingarten, der Steine von Landschaften, die sich Schweiz nennen, versammelt. Eine Tafel zeigt um die 200 Landschaften der Welt, die sich Schweiz nennen. Für Deutschland sind 63 Schweizen aufgeführt. Doch die Liste war trotzdem noch nicht vollständig, denn deutsche Touristen haben mit Filzstift 2 fehlende Schweizen hinzugefügt: die *Suhler Schweiz* (Thüringen) und die *Maibacher Schweiz* (Hessen, fehlt auch bei Wikipedia).

Je weiter man in Deutschland nach Norden und damit ins Flachland kommt, desto flachere und unspektakulärere Landschaften werden (teilweise aus Marketinggründen) noch als Schweiz bezeichnet. In Bremen reicht bereits eine mäßig hohe Endmoräne, um zur Schweiz geadelt zu werden. Theodor Fontane meinte im 19. Jahrhundert dazu `die Schweizen werden jetzt immer kleiner'.

Toskana

Die Toskana gilt als Sehnsuchtsland der Deutschen. Sie steht für die Sehnsucht des Nordens nach der Lebensart, der Sonne und dem Klima des Südens. Zudem steht die Toskana für eine wellige, liebliche Landschaft. Leichte Anklänge an die Landschaftsformen der wirklichen Toskana und ein südlich angehauchtes Mikroklima reichen in Deutschland bereits aus, einer Landschaft den Beinamen *Toskana von Deutschland* zu verleihen. Beispiele sind das Markgräflerland in Südbaden, die Pfalz und der Kraichgau, welche häufig so bezeichnet werden, aber auch der Kaiserstuhl und die Bergstraße. Die Saale-Unstrut-Region in Sachsen-Anhalt wird als *Toskana des Nordens* bezeichnet, ebenso die Uckermark in Brandenburg. Der Haspengau (Provinz Limburg) gilt als *Toskana Belgiens*.

Riviera

Ein Sehnsuchtsland der Europäer ist auch die Italienische und Französische Riviera. Sonne, Meer und pittoreske Küste mit schönen Städten kommen hier zusammen. So überrascht es nicht, dass Riviera als Gattungsbegriff für viele schöne Küstenabschnitte verwendet wird. Besonders der Norden stillt seine Südsehnsucht mit diesem Begriff. Kein Wunder, dass es eine *englische Riviera* (um Torbay), eine baltische (Jurmala in Lettland), eine norwegische (südnorwegische Küste), eine dänische (Nordwest-Jütland) und eine *schwedische Riviera* (Angelholm bis Varberg) gibt. Mehrere Regionen behaupten, die *deutsche Riviera* zu sein, darunter Fehmarn, die Ostseeküste um Travemünde und der Rheingau, welcher wie Bonn auch als *Rheinische Riviera* bezeichnet wird. In manchen Orten fühlt man sich an der Flusspromenade sogar schon in Nizza, wie am südlichen Mainufer Frankfurts (*Nizza-Ufer*) oder in Aschaffenburg (*Bayerisches Nizza*).

Sahara

Sahara steht für viel Sand und deshalb wurde die heute zu Litauen gehörende Kurische Nehrung mit ihren riesigen Sanddünen auch als *ostpreußische Sahara* bezeichnet. Entsprechend gilt die Dünenlandschaft westlich von Leba (einst zu Pommern gehörend) als *Sahara Polens*, die Dünen bei Vliehors auf der Insel Vlieland als *Niederländische Sahara* oder *Sahara des Nordens*. Auch im Binnenland gibt es Sand. Engels nannte die Lüneburger Heide `Norddeutsche Sahara´ (wegen ihrer vielen Vergnügungsparks gilt sie heute auch als *Orlando Europas*). Die Dünen bei Loonse im niederländischen Brabant werden *Niederländische Sahara* genannt und eine Sand- und Dünenlandschaft bei Lommel in der Region Limburg gilt den Belgiern als *Belgische* oder *Lommel'sche Sahara*.

Texas

Texas steht für endlose Rinderweiden, aber auch für Energiereichtum (Erdöl). So werden manche Regionen, die von Rinderzucht geprägt sind, vor allem, wenn sie im Süden eines Landes liegen, als `Texas von...´ bezeichnet.
Beispiele sind der brasilianische Gaucho-Bundesstaat Rio Grande do Sul als *Texas Brasiliens*, Sichuan als *Texas Chinas* und die kubanische Provinz Camagüey als *Texas Cubas*.
Die amerikanische Ölindustrie entstand nicht in Texas, sondern in Pennsylvania. Im Ort Titusville wurde 1859 die erste erfolgreiche Ölbohrung durchgeführt, was als Geburtsstunde der modernen Ölförderung gilt. Um 1900 machte das heute zur Ukraine gehörende Galizien Österreich-Ungarn nach den USA und Russland zum drittgrößten Ölförderland der Welt. Das Ölfördergebiet um Borislau wurde auch *Pennsylvanien Galiziens* oder *österreichisches El Dorado* genannt.

Sibirien

Sibirien ist - nicht überraschend - in Deutschland eine Bezeichnung für eine kalte, unwirtliche und oft abgelegene und daher wirtschaftlich nicht besonders prosperierende Region. Ein bereits im 18. Jahrhundert etablierter Begriff ist *Sächsisch Sibirien* für das obere Westerzgebirge und das Vogtland. Vor hundert Jahren galt die Eifel auch als *Rheinisches* (bzw. Preußisches) *Sibirien*. Als Daimler in den 1980er Jahren bei Boxberg eine Teststrecke bauen wollte, wurde die Bezeichnung *Badisch Sibirien* für die Gegend zwischen Würzburg und Mosbach bekannt. Ein *Schwäbisches Sibirien* gibt es auch - die Schwäbische Alb. Nordostoberfranken bzw. der Raum Hof galt vor allem zu Zeiten der deutschen Teilung als *Bayerisch Sibirien. Hessisch Sibirien* ist eine Bezeichnung für die Gegend um Eschwege bzw. auch für andere Landstriche Nordhessens (Edersee, Raum Kassel). Pirmasens gilt als *Pfälzisch Sibirien*, zumindest wird so sein Autokennzeichen PS interpretiert.

Im Bundesland Salzburg gilt der Lungau, ein 1000 m hoch gelegenes Alpenbecken mit sehr kalten Wintern, als *Österreichisches Sibirien*. In der Schweiz weist das Juratal Vallée de la Brévine immer wieder Rekordminustemperaturen auf, kein Wunder, dass es *Schweizer Sibirien* genannt wird. Auch in der Tschechischen Republik gibt es raue Gegenden. Das Mittelböhmische Hügelland wird im Land *Ceska Sibir* und in Deutschland *Böhmisches Sibirien* genannt. Auch in den östlichen Beskiden ist es kalt, dort liegt *Polnisch Sibirien*. Das Elsass hat dagegen ein recht mildes Klima. Aber alles ist relativ, denn für die übrigen Franzosen gilt es als kühl und wird von diesen deshalb auch *Französisches Sibirien* genannt. In China wird die Provinz Qinghai weniger wegen ihrer Temperaturen als der dorthin Verbannten als *Sibirien Chinas* bezeichnet.

Kongo

Kongo ist eine neuere, scherzhafte Bezeichnung für eine abgelegene (und manchmal weniger entwickelte) Region, teilweise eine Replik zur Bezeichnung Sibirien. In Hessen, wo Regionen nördlich von Gießen auch als *Hessisch Sibirien* bezeichnet werden, kontern die Nordhessen mit dem Ausdruck *Hessisch Kongo* für die Region südlich von Darmstadt. Hanau gilt dagegen als *Hessisch Uganda*, denn es hat das Autokennzeichen HU. Das westfälische Kennzeichen MK für Märkischer Kreis wird wiederum als *Märkisch Kongo* gelesen.

Schwieriger zu lokalisieren ist *Bayerisch Kongo*. Die Rhön, Niederbayern und Mittelbayern wurden schon so bezeichnet. Am häufigsten wird der Begriff jedoch von Oberpfälzern auf ihre Region angewandt. Das Autokennzeichen Biberach (BC) in Württemberg wird unlogischerweise auch als *Bayerisch Congo* interpretiert. In der Schweiz gilt Graubünden als *räthischer Kongo*, für viele Schweizer ist es ein weißer Fleck. In Österreich wurde Leoben bereits als *steirisch Kongo* bezeichnet.

Finnland

Die Bezeichnung Finnland wird selten gebraucht und kann für ganz unterschiedliche Dinge stehen.

Die Region Trentino zählt fast 300 Seen. Sie wird deshalb *Finnland Italiens*, *Finnland des Südens* oder *Kleinfinnland* genannt. Das nördlich anschließende Südtirol wird seit ein paar Jahren ebenfalls *Finnland des Südens* genannt- wegen der mit Finnland vergleichbaren guten Ergebnisse bei dem Schülerleistungstest PISA.

Und schließlich wurde sogar München als *Finnland des Südens* bezeichnet. Dies wiederum wegen der vielen Saunen, die es dort geben soll. Mit Nacktheit haben die Münchner ohnehin kein Problem, wie der Englische Garten jeden Sommer zeigt.

1.2 Landwirtschaftliche Begriffe

Die Kornkammer

Als *Kornkammer* (Englisch: *bread basket* oder *cereal attic*) gelten Länder und Regionen, die einen Überschuss an Nahrungsmitteln, vor allem an Getreide, produzieren. In der Antike galten Ägypten und Algerien als Kornkammern des Römischen Reiches. Wegen seiner fruchtbaren Schwarzerdeböden (Tschernosem) galt die Ukraine lange als Kornkammer Europas. Unter Stalin mussten die ukrainischen Bauern jedoch all ihre Erträge im Zuge einer forcierten Industrialisierung abgeben, so dass es 1932-1933 zu einer Hungerkatastrophe kam, welche 7 Millionen Menschen das Leben kostete. In Deutschland zählen vor allem die Börden, fruchtbare Niederungen in der nördlichen Landeshälfte mit Löß-Schwarzerdeböden zu den Kornkammern. Die Jülicher Börde galt einst als `*Kornkammer des Heiligen Römischen Reiches (Deutscher Nation)*´. Die Magdeburger Börde gilt noch heute als *Kornkammer Deutschlands*. Als bayerische Kornkammer gilt der Gäuboden bei Straubing, als sächsische die Lommatzscher Pflege zwischen Riesa und Meißen. Baden-Württemberg hat eine badische (Baar) und eine württembergische (Strohgäu) Kornkammer. In den einst deutschen Ostgebieten galt Ostpreußen als Kornkammer.

Kornkammern in Deutschland	
Baden	Baar
Bayern	Gäuboden (bei Straubing)
Brandenburg	Uckermark
Hessen	Wetterau
Rheinland	Jülicher Börde
Mitteldeutschland	Magdeburger Börde
Sachsen	Lommatzsche Pflege
Württemberg	Strohgäu

Kornkammern in Europa

Zu den europäischen Regionen, die als Kornkammer galten/gelten, zählen auch Apulien (Italien), der Alentejo (Portugal) und die Walachei in Rumänien.

Kornkammern in Europa	
Dänemark	Fünen
Frankreich	Beauce, des Elsasses: Kochersberg
Griechenland	Thessalien
Italien	Apulien; Provinz Foggia
Serbien	Vojvodina (auch Ex-Jugoslawiens)
Niederlande	Raum Groningen (Oldambt)
Norwegen	Hedmark, Raum Stavanger
Polen	Kujawien
Portugal	Alentejo
Rumänien	Walachei, Banat
Schottland	Lowlands
Schweden	Schonen (auch Dänemarks)
Slowakei	Donautiefebene
Spanien	La Mancha
Tschechien	Goldener Bogen (um Königgrätz)
Ungarn	Baja, Banat

Manche Kornkammern liegen außerhalb der Wirtschaftsräume, zu denen sie einst gehörten. Schonen war jahrhundertelang die Kornkammer Dänemarks, und hat heute die gleiche Funktion für Schweden. England hat keine richtige eigene Kornkammer, denn lange hatte Irland die Funktion einer Kornkammer Englands.

In Nordamerika gelten der Mittlere Westen der USA (wo es einen Mais-, einen Winter- und einen Sommerweizengürtel gibt) und die Prairieprovinzen Kanadas als Kornkammern der Welt. Eine Liste im Anhang zeigt eine Liste von Kornkammern außerhalb Europas.

Kornkammern außerhalb Europas

Amerika	
Argentinien	Pampa
Bolivien	Cochabamba
Brasilien	Parana Rio Grande do Sul
Chile	Santiago-Puerto Montt
Kanada	Saskatchewan
Mexiko	Bajio
Peru	Rio Urubamba-Tal
USA	Great Plains Iowa
Asien	
Afghanistan	Helmand, Kandahar, Kunduz
China	Sichuan, Heilongjan, Henan
Indien	Punjab
Iran	Sistan (einst)
Israel	Jesreel-Ebene
Russland	Krasnodar
Ozeanien	
Australien	Murray-Darling-Becken
Neuseeland	Canterbury-Ebene
Afrika	
Afrika	Simbabwe
Ägypten	Niltal
Äthiopien	Oromiya, Godscham
Marokko	Vorland des Hohen Atlas
Sahelzone	Mali
Senegal	Casamance
Somalia	Region Shabelle
Südafrika	Free State, Swartland

Die Reisschale

In Reisanbaugebieten Asiens gibt es den Ausdruck *Reisschale* (*rice bowl*) als Entsprechung zur Kornkammer. Unter den Ländern galt Birma einst als solche. Auf Regionsebene werden etwa das Mekong-Delta in Vietnam oder die Ebenen Javas so genannt.

Land	´Reisschale´ (Rice bowl)
Birma	Irawaddy-Delta
Indonesien	Ebenen Javas
Kambodscha	Battambang
Philippinen	Central Luzon
Thailand	Chao Praya
Vietnam	Mekong-Delta

Der Weinkeller

Regionen mit ausgeprägtem Weinanbau werden auch als *Weinkeller von...* bezeichnet. Ein Beispiel dafür ist Apulien als *Weinkeller Italiens*, der Südtiroler Süden als *Weinkeller Südtirols*.

Der Gemüsegarten bzw. Garten

Die Region Murcia gilt als *Gemüsegarten (und Obstgarten) Europas*, die Pfalz als *Gemüsegarten Deutschlands*. Das Loiretal wird auch *Garten Frankreichs* genannt, die Region Minho *Garten Portugals* und die Provinz Overijse *Garten der Niederlande*. Als *Heilgarten Deutschlands* (Bäderstandort) gilt der Teutoburger Wald.

Der Obstgarten

Baden-Württemberg bezeichnet sich auch als *Obstgarten Deutschlands*. Denn hier gibt es neben 20 000 Hektar Obstfläche, zusätzlich 170 000 Hektar Streuobstfläche.
Als *Obstgarten Europas* werden manchmal Ungarn, die Region Almeria und Südtirol bezeichnet.

Dust bowl (Staubschale)

Von 1935-1938 kamen in den Great Plains, den Präriestaaten der USA und Kanadas, verheerende Staubstürme auf. Am schwersten betroffen war der Bundesstaat Oklahoma. Ein Sechstel der Bevölkerung verließ Oklahoma und zog über die gerade fertig gestellte Route 66 nach Westen (wo sie Okies genannt wurden). Auch andere Bundesstaaten (in Kanada die Provinz Saskatchewan) litten, was zum Begriff *Dust Bowl* (Staubschale) geführt hat. Zu den Ursachen der Staubstürme gehörte die Rodung des Präriegrases. Die Halme des Präriegrases hatten den Staub aufgefangen und die tiefen Wurzeln den Boden vor Erosion bewahrt. Der intensive Getreideanbau, mit zu Saatzeiten offen liegender Scholle, machte den Boden für Erosion jedoch anfällig und eine langanhaltende Trockenperiode tat ihr Übriges. Als Reaktion auf die Staubstürme wurde in den USA der *Soil Conservation Service* gegründet.

In den letzten Jahrzehnten sind, durch Klimawandel begünstigt, auch andere Regionen mit dem in den Dreißigerjahren entstandenen Begriff *Dust Bowl* (Staubschale) bezeichnet worden, zum Beispiel der Nordwesten Chinas, das Murray-Flussbecken in Australien, der nordostbrasilianische Bundesstaat Ceara oder die Region Marathwada im indischen Bundesstaat Maharashtra. Aus manchen dust bowls und Wüsten wird der Staub weltweit verfrachtet, z.B. Saharasand nach Europa und Amerika, Staub der Wüste Gobi nach Westeuropa.

Land	Dust bowl (Staubschale)
USA	Great Plains in den 1930ern
Australien	Becken des Murray-Flusses
Brasilien	Bundesstaat Ceara
China	Region westlich von Peking
Indien	Region Marathwada

Bellwether (Trendanzeiger)

Bellwether ist ein altes englisches Wort für den mit einem Glöckchen ausgestatteten Leithammel einer Schafsherde. 1982 machte der amerikanische Autor John Naisbitt in seinem Buch *Megatrends* den Ausdruck auch für amerikanische Bundesstaaten populär, die in ihrer Entwicklung anderen Staaten vorausgehen. Dazu zählen zum Beispiel Kalifornien und Florida. Bellwether als Begriff wird heute nur im englischen Sprachraum verwendet und bezieht sich vor allem auf Regionen mit Trendsetterfunktion. Dies wird insbesondere in Bezug auf US-Wahlen genutzt. Es gibt den Ausdruck *Missouri bellwether*, weil in jedem Wahljahr seit 1904 (außer 1956 und 2008) der Bundesstaat in den Vorwahlen so wählte wie später das ganze Land. 2008 wurde Missouri seiner bellwether-Funktion jedoch nicht gerecht und es scheint, dass Nevada und Ohio diese Rolle heute übernehmen.

In den USA gibt es zudem den Ausdruck `Will it play in Peoria'*, weil die Verbraucher in Peoria (Illinois) repräsentativ sind für den US-Mainstream.

Bellwether-Regionen (Trendanzeiger)

Land	Region
USA	Missouri, Nevada, Ohio (Wahlen) Kalifornien, Florida
Großbritannien	Bristol North West (Wahlen) Basildon (Wahlen)
Kanada	Sarnia-Lambton (Ontario; Wahlen)
Deutschland	Pinneberg (Wahlen, Kanzler)

Gelegentlich wird der Terminus jedoch auch auf ganze Länder angewandt. In Europa gilt Großbritannien als Bellwether für Konsum- und Techniktrends, die Niederlande für gesellschaftliche Entwicklungen.

Das Armenhaus

Einst hatten Städte in Mitteleuropa Armenhäuser, in denen vor allem ältere Menschen lebten, die sich selbst nicht mehr ernähren konnten. Heute wird *Armenhaus* im übertragenen Sinne als Begriff für besonders arme Länder oder Regionen verwendet. Als *Armenhaus Europas* gilt heute etwa Moldawien, als Armenhaus Deutschlands galt einst die Eifel, heute eher die Niederlausitz.

Regionen, welche Armenhaus genannt werden

Land	Region
Deutschland	Eifel Niederlausitz
Österreich	Obersteiermark (einst)
Schweiz	Entlebuch
Belgien	Wallonien, einst: Flandern
Frankreich	Nordfrankreich, Bretagne (einst)
Griechenland	Epirus
Großbritannien	Nordosten Englands (einst)
Italien	Basilicata, Süditalien
Polen	Masuren
Portugal	Alentejo
Russland	Inguschetien, Kabardino-Balkarien
Spanien	Extremadura Einst: Galicien, Andalusien
Türkei	Südostanatolien, Kurdistan
Ukraine	Karpatoukraine
Ungarn	Ostungarn
Argentinien	Nordregion
Brasilien	Nordosten
Mexiko	Chiapas
Indien	Bihar
USA	West Virginia, Mississippi

Die Schatzkammer

Der Gegensatz zum Armenhaus ist die Schatzkammer, ein Begriff, der aber nur auf wenige Regionen angewandt wird. Am meisten Schatzkammern hat Italien. Die Toskana wird wegen ihrer Kunst- und Architekturschätze als *Schatzkammer Italiens* bezeichnet. Auch Apulien, Sizilien und die Emilia-Romagna werden manchmal so genannt. In Portugal galt die Region südlich des Tejo, der Alentejo einst als Armenhaus. Heute gilt sie jedoch wegen des Tourismus, den reichen Geschichtsdenkmälern von Städten wie Evora und dem Vorkommen von Marmor, Schiefer und roter tonhaltiger Erde, der die Region die Hälfte aller Töpferwaren der iberischen Halbinsel produzieren lässt, auch als *Schatzkammer Portugals*.
Als *Schatzkästlein des deutschen Reiches* galt einst die Reichsstadt Nürnberg.

Regionen, die Schatzkammern genannt werden

Land	Region
Deutschland	Thüringen
Österreich	Waldviertel-Kristallviertel (steinerne Schatzkammer)
Frankreich	Burgund (Schatzkammer romanischer Baukunst)
Italien	Toskana (Kunst und Architektur)
Irland	Kerry (historische Schatzkammer)
Portugal	Alentejo
Rumänien	Sacaramb (Goldtellurerzlagerstätte)
Russland	Sibirien (Rohstoffe)
China	Tibet
Indien	Gujarat Karnataka, Jharkhand
Brasilien	Minas Gerais (Gold und Eisen)

Rust Belt (Rostgürtel)

Der industrielle Kernraum der USA zwischen den Großen Seen und der Atlantikküste wird auch als *Manufacturing Belt* bezeichnet. Seit 1970 befinden sich manche Industrien und Teilräume im Niedergang (vor allem Städte wie Detroit oder Gary), seither spricht man auch vom *Rust Belt*. In der englischsprachigen Wirtschaftsgeographie wird mittlerweile Rust Belt auch als allgemeiner Begriff für einen im Niedergang befindlichen altindustrialisierten Raum verwendet (der mit *sunset*-Industrien ausgestattet ist). Im Deutschen ist der entsprechende Ausdruck Rostgürtel eher unüblich, man verwendet hier eher den Regionsnamen *Ruhrgebiet* als Synonym für eine Rust Belt-Region. Rust Belts finden sich in Europa oft in ehemaligen Kohleabbaugebieten, welche früh Stahl- und andere Schwerindustrieindustrie anzogen heute aber unter Strukturproblemen leiden.

Regionen, die Rust Belt/Rostgürtel genannt werden

Land	Region
Deutschland	Ruhrgebiet, Saarland
Österreich	Mur-Mürz-Furche (Steiermark)
Belgien	Sambre-Maas-Furche (Wallonien)
Frankreich	Pas de Calais, Lothringen
Großbritannien	Nordengland, Yorkshire, Südwales
Polen	Oberschles. Revier, Nowa Huta
Tschech. Rep.	Nordmähren
Ukraine	Donbass (Donezbecken)
Ungarn	Raum Miskolc
Australien	South Australia, Victoria
China	Nordosten (Mandschurei)
Japan	Kansei
USA	Große Seen-Atlantik
Kanada	Südl. Ontario, Québec

1.4 Hightech-Regionen

Silicon Valley

Der amerikanische Unternehmer Ralph Vaerst (1927-2001) schlug den Begriff Silicon Valley für das Hightech-Tal südöstlich von San Francisco vor, welches sich um die Stanford Universität in Palo Alto entwickelte. Der Journalist Don Hoefler (1922-1986) verwendete diesen Begriff dann ab Januar 1971 als Überschrift in einer Artikelserie der Zeitung *Electronic News* und machte ihn so bekannt. Mit dem Boom der *New Economy* um das Jahr 2000 wurde es populär, andere Regionen als 'Silicon...' zu bezeichnen, so *Silicon Saxony*, für den Chipfabrikcluster in Dresden, *Silicon Glen* für einen High-Tech-Korridor in Schottland, *Silicon Allee* für Berlin oder *Silicon Alps* für Kärnten.

Als *Silicon Valley Europas* wird gelegentlich der Software-Cluster im Rhein-Main-Neckar-Raum (SAP/Walldorf, Software AG/ Darmstadt) bezeichnet.

Silicon-Regionsbeinamen in Europa

Begriff	Region
Silicon Allee	Berlin
Silicon Alps	Kärnten
Silicon Bog/Isle	Irland
CWM Silicon	Newport, Südwales
Silicon Ditch	M4 Korridor im Westen Londons
Silicon Fen	Cambridge
Silicon Glen	Korridor Glasgow-Edinburgh
Silicon Plains	Kempele, Finnland
Silicon Polder	Niederlande
Silicon Saxony	Chipfabrikcluster in Dresden
Silicon Spires	Oxford
Silicon Valais	Wallis (Schweiz)

In den USA gibt es etliche Silicon-Regionen, darunter *Silicon Hills* (Austin), *Silicon Desert* (Phoenix), *Silicon City* (Chicago), *Silicon Necklace* (Vororte Bostons) oder *Silicon Mountain* (Colorado Springs).

Silicon-Regionsbeinamen weltweit

Begriff	Region
USA	
Silicon Alley	New York City (Broadway)
Silicon Bayou	Louisiana, Boca Raton (FL)
Silicon Beach	Florida, Santa Barbara
Silicon City	Chicago
Silicon Desert	Phoenix
Silicon Glacier	Kalispel, Montana
Silicon Gulch	San José, Austin
Silicon Hill	Hudson, MA
Silicon Hills	Austin
Silicon Island	Long Island
Silicon Necklace	Vororte Chicagos
Silicon Plains	Lincoln (Nebraska)
Silicon Plantation	Virginia
Silicon Prairie	Kansas City, Iowa City u.a..
Silicon Sandbar	Cape Cod
Silicon Shire	Eugene (Oregon)
Andere Länder	
Silicon Island	Taiwan
Silicon Tundra	Ottawa
Silicon Wadi	Israel
Silicon Valley of Mexico	Guadalajara
Silicon Valley of India	Bangalore
Silicon Plateau	Bangalore (Indien)

Quelle: *http://tbtf.com/siliconia.html*

Nano-Valleys

Seit der Jahrtausendwende werden große wirtschaftliche Hoffnungen mit der Nanotechnologie verbunden. Entsprechend den Silicon-Valleys wurden deshalb bestimmte Regionen mit vorhandenen oder entstehenden Nanotechnologieclustern als *Nano-Valley* bezeichnet. Als solches wurde um 2010 in Europa das Saarland (30 Firmen mit insgesamt 1000 Beschäftigten) und der Raum Karlsruhe/Straßburg (Forschungszentrum Karlsruhe), mittlerweile um die Region Rhein-Neckar erweitert, bezeichnet, ebenso das Schweizer Rheintal (Centre Suisse d′Électronique et de Microtechnique, CSEM in Landquart) und Sachsen (Fraunhofer-Center Nanoelektronische Technologien, CNT in Dresden).

Optic Valleys

In Orly im Süden von Paris arbeiten 1000 Forscher und 5000 Ingenieure an der Entwicklung von Optoelektronik, lichtgestützter Telekommunikation und Lasertechnik, was dem Raum zum Beinamen `Optics Valley′ verholfen hat. Keimzelle des Optics Valley ist die 1917 gegründete, dort ansässige Elite-Optikhochschule École Supérieure d′Optique (Spitzname *SupOptique*).

Auch der traditionsreiche Optikstandort Jena in Thüringen nennt sich gelegentlich *Optics Valley*.

Außerhalb Europas vermarktet sich auch die chinesische Millionenstadt Wuhan *als Optics Valle*y. Das Wuhan Institute of Posts and Telecommunications öffnete die erste lichtgestützte Telekommunikationsverbindung Chinas. Auch die Forschung der örtlichen Hua Zhong University of Science and Technology tragen zum Gedeihen des chinesischen *Optics Valley* bei.

In den USA gilt Tucson in Arizona mit 10 Firmen und über 4000 Beschäftigten als Zentrum der Hightech Optik, deshalb trägt auch Tucson den Beinamen *Optics Valley*.

Telecom Valley

Der Amerikaner Don Green gilt als `Vater des Telecom Valley´, welches im Sonoma County in Kalifornien liegt. 1969 gründete er Digital Telephone Systems und erfand den Digital Loop Carrier. Später entstand aus einer Zusammenarbeit mit zwei Ingenieuren, die ihn auf einem Parkplatz angesprochen hatten, die Firma *Advanced Fibre Communications*. Im Laufe der Zeit entstanden um Petaluma zahlreiche weitere Neugründungen und Spin offs, bis der Cluster *Telecom Valley* entstanden war.
Ein weiteres, 1991 entstandenes *Telecom Valley* liegt in Südfrankreich zwischen Monaco und Marseille, mit der Forschungsstadt Sophia Antipolis im Zentrum.
Auch eine Hightech-Region im brasilianischen Bundesstaat Minas Gerais nennt sich *Telecom Valley*.
Eher selten wird die Achse Düsseldorf (Vodafone)-Bonn (Telekom) *Telecom-Valley* genannt. In Bonn, der 'deutschen Hauptstadt der Geo-Informatik', hofft man wiederum auf die Entstehung eines *Bonn-Valley*.

Solar Valley

In der Stadt Bitterfeld-Wolfen in Sachsen-Anhalt, lange durch Umweltverschmutzung, Industriebrachen und Massenarbeitslosigkeit gekennzeichnet, gab es bis vor ein paar Jahren einen wirtschaftlichen Lichtblick. Im Ortsteil Thalheim war bis 2009 der größte Solarstandort Europas entstanden. Zeitweise waren hier 3000 Menschen in der Photovoltaikbranche beschäftigt. Führendes Unternehmen war hierbei Q-Cells (mittlerweile nach Insolvenz an einen koreanischen Konzern verkauft) mit zeitweise über 2000 Beschäftigten. Die Hauptstraße, an welcher die Produktionsstätte von Hanwha Q-Cells und Tochterfirmen liegen, wird auch *Sonnenallee* genannt, der Produktionscluster nennt sich bis heute *Solar Valley*. Heute wird auch Dezhou in Shandong als Solar Valley bezeichnet.

Flanders Language Valley

Kurz vor der Jahrtausendwende kam für die Stadt Ypern in Westflandern der Begriff *Flanders Language Valley* auf. Hier hatte die 1987 gegründete Spracherkennungstechnologiefirma Lernout&Hauspie ihren Sitz. Die Firma wuchs in den 90er Jahren sehr schnell. Im Frühjahr 2000 übernahm Lernout&Hauspie (L&H), dessen Marktkapitalisierung 10 Milliarden US$ betrug, für 1 Milliarde Dollar die US-Firma Dictaphone. Doch im August 2000 wurde ein Finanzskandal mit Luftbuchungen enthüllt, die Firmengründer Jo Lernhout und Paul Hauspie wurden verhaftet und im Oktober 2001 ging L&H bankrott.

Andere Hightech-Valleys Deutschland

Mehrere Forschungs- oder Hightech-Cluster in Deutschland haben sich Valley-Beinamen gegeben. Beispiele dafür sind das Kompetenznetz Kohlenfaserstoffverbund-Leichtbau *CFK-Valley* in Stade, wo Leichtmaterialien für den Flugzeugbau produziert werden. Bezüglich der Automatisierungstechnik gibt es das *Automation Valley Nordbayern* (100 Unternehmen). Im Hohenlohe-Kreis findet sich zudem ein *Ventilatoren-Valley* (2 Hersteller). Etwa 70% des Weltmarktes für elektrische Verbindungstechnik werden von Firmen aus Ostwestfalen abgedeckt. Die Region sieht sich deshalb als *Klemmen-Valley*.

Begriff	Region
Automation Valley Nordbayern	Nordbayern
BioCon Valley	Greifswald
CFK-Valley	Stade
Klemmen- Valley	Ostwestfalen
Measurement Valley	Göttingen
Medical Valley EMN	Nürnberg
Medical Valley	Tuttlingen
Ventilatoren-Valley	Hohenlohekreis

Andere Hightech-Valleys weltweit

Auch in Europa gibt es etliche Technologie-Cluster mit Valley-Beinamen, so das DSP (digital signal processing) Valley in Löwen (Leuven, Belgien).

Das oberösterreichische Linz hat die Ambition, zu einem Zentrum der Polymerproduktion zu werden, einem *Plastics Valley.* Die Emilia Romagna trägt mit den Herstellern Ferrari, Maserati, Ducati auch den Beinamen *Motor Valley,* die Region Oxforshire nennt sich auch *Motorsport Valley.* Liechtenstein (u.a. Tech-Firma Hilti) und sein Rheintal sehen sich als *Precision Valley.*

In Südostpolen hat sich um die Stadt Rzeszow ein Cluster von Flugzeugindustriezulieferern entwickelt, das *Aviation Valley* (90 % der polnischen Exporte dieses Sektors).

Begriff	Region
Crypto Valley	Zug (CH)
DSP-Valley	Löwen (Leuven)
Plastics Valley	Linz
Precision Valley	Liechtenstein
Aviation Valley	Südostpolen
Sunrise Valley (Laser)	Vilnius
Motor Valley	Emilia Romagna
Motorsport Valley	Oxfordshire
Automation Valley/Alley	Oakland/Michigan
Tech Valley	Hudson Valley (NY)

Der schweizer Kanton Zug entwickelt sich erfolgreich zum *Crypto Valley (Bitcoin, Ether).* Manche trauen diesen Entwicklungen nicht und sagen *Klepto Valley.* Bezüglich der Automatisierungstechnik gibt es mehrere Valleys, so das *Automation Valley* (bzw. Alley) in Oakland/Michigan nahe Detroit.

Low und Medium-Tech Valleys in Deutschland

Im Raum Schwäbisch Hall-Hohenloher Land haben mehr als 30 Unternehmen aus der Verpackungs- und Zulieferindustrie (heute 7000 Beschäftigte) 2007 den Verein *Packaging Valley Germany* gegründet.

Im Vogtland in Sachsen mit Schwerpunkt Markneukirchen hat sich eine traditionelle handwerkliche Musikinstrumenteindustrie (*Musicon Valley*) gehalten.

Begriff	Region
Musicon Valley	Vogtland
Packaging Valley	Hohenloher Land

Low und Medium-Tech Valleys in Europa

Einige Regionen nennen sich *Valley*, obwohl ihre Produktion nicht unbedingt zum Hightech-Sektor zählt.

Dazu gehört das *Glass Vallée* in Nordfrankreich, welches den Raum zwischen Le Havre und Amiens einschließt. Hier werden 75 % der Luxusflacons der Parfümindustrie, aber auch ein Großteil der Flacons für die Alkoholindustrie und die Pharmazie hergestellt.

Das französische *Cosmetics Valley* umfasst 6 Departements in den Regionen Centre, Ile de France und Normandie. Hier beschäftigen 800 Unternehmen der Kosmetikindustrie 70 000 Menschen und setzen mit Parfums und Schönheitsprodukten jährlich 11 Milliarden Euro um. Nervenzentrum des *Cosmetics Valley* ist die Stadt Chartres. Im niederländischen Wageningen hat sich schließlich um die Life Science Forschung der örtlichen Universität ein *Food Valley* gebildet.

Eher Lowtech-Produktion umfasst das portugiesische *Porcelaine Valley* im Norden des Landes.

In der Region um Mailand werden etwa 55% der weltweiten Produktion von Lidschatten, Mascara und Lippenstiften hergestellt. Schwerpunkt ist dabei die Stadt Crema. Die Region um Crema wird deshalb auch *Lipstick Valley* genannt. Während normalerweise in Wirtschaftskrisen antizyklisch mehr Kosmetik verkauft wird, ging der Absatz lokaler Hersteller 2020 um 13% zurück.

In der Pandemie wurden jedoch bei Fahrrädern Rekordumsätze erzielt. Die Fahrradproduktion in der EU hat sich in den letzten zwei Jahrzehnten zunehmend in das Niedriglohnland Portugal verlagert. In den letzten Jahren kamen Bulgarien und danach Rumänien (bei Temeschwar/Timisoara entsteht zurzeit die größte Fahrradfabrik Europas) als neue Niedriglohn Bike Valleys hinzu.

Begriff	Region
Lipstick Valley	Crema (Lombardei)
Food Valley	Wageningen (NL)
Glass vallée	Rouen-Amiens (F)
Porcelaine Valley	Portugal
Cosmetics Valley	Zentralfrankreich
Portugal's Bike Valley	Agueda valley
Flanders Bike Valley	Beringen

Circular Valley
Verschiedene Regionen versuchen die Kreislaufwirtschaft voranzubringen. Dazu zählt der Raum Rhein-Ruhr, wo es in Wuppertal spezifische Circular Valley Bürgerinitiativen gibt. Die niederländische Provinz Drenthe hat ebenfalls *Cicular Valley* Ambitionen. Die niederländische Hauptstadt hat wiederum die Strategie *Circular Amsterdam* angenommen.

1.6 Geometrische Begriffe und Formen

...im Kleinen, *..en/in miniature*

Manchmal sind Regionen so vielfältig, dass sie das ganze Land repräsentieren und ... *im Kleinen* genannt werden. Der Ostküstenstaat Maryland gilt als *Amerika im Kleinen* (America in miniature), das dreisprachige Graubünden als *Schweiz im Kleinen*, Marken als *Italien im Kleinen*. In manchen Ländern gibt es mehrere Regionen, die als Miniaturausgaben des Landes gelten, so in England (Insel Wight und Dorset) und Schweden (Uppland und Dalsland). Manche Inseln repräsentieren das zugehörige Land im Kleinen, so die Arran Inseln (Schottland), Texel (Niederlande) und Lesbos (Griechenland). Weniger etabliert sind die Bezeichnungen *Österreich im Kleinen* für Oberösterreich oder *Dänemark im Kleinen* für die dänische Insel Römö. Einst galt Bosnien-Herzegowina auch als *Jugoslawien im Kleinen*.

... im Kleinen	Region
England im Kleinen	Dorset, Insel Wight
Schottland im Kleinen	Arran Islands
Irland im Kleinen	Inishowen (Halbinsel)
Griechenland im Kleinen	Lesbos (Insel)
Italien im Kleinen	Marken
Niederlande im Kleinen	Texel (Insel)
Island im Kleinen	Snaefellsness
Dänemark im Kleinen	Römö (Insel)
Norwegen en miniature	Nordrogaland
Schweden im Kleinen	Uppland, Dalsland
Schweiz im Kleinen	Graubünden
Amerika in miniature	Maryland

Der kleine Kontinent

Verschiedene Inseln gelten wegen ihrer Vielfalt und Größe als `Kleiner Kontinent´. Die Bewohner von Fehmarn sehen ihr Ostseeeiland als `Kontinent´ an und wenn sie sich über die Fehmarnsundbrücke (wegen ihrer Form auch `größter Kleiderbügel der Welt´ genannt) aufs Festland aufmachen, sagen sie, `wir fahren nach Europa´.

☞ Zu Sardinien gibt es folgende Legende: Als Gott das Festland und die See erschaffen hatte, machte er sich an die Felsblöcke. Diese schleuderte er ins Meer und schließlich trat er noch auf sie. Aus seinem Fußabdruck entstand die Insel Sardinien. Diese gilt heute auch als *piccolo continente*, als kleiner Kontinent.

Unter den Kanarischen Inseln gilt das vielseitige Gran Canaria als *pequeno continente*, als kleiner Kontinent. In Kroatien wird die Insel Krk so bezeichnet. Manche sehen auch Kreta als kleinen Kontinent. Madagaskar wird oft als sechster (manchmal als achter) Kontinent bezeichnet.

Zu den Festlandsgebieten, die `Kontinent´ genannt werden, gehören die Romney Marsh im Süden Englands (5. Kontinent) und Navarra in Spanien (kleiner Kontinent).

☞ Das Satiremagazin Titanic meinte übrigens, Europa würde durch zunehmende Vergreisung zum *Inkontinent*.

Beiname	Insel/Gebiet
Inseln	
Kontinent, 6. Kontinent	Fehmarn (Ostsee)
(Gottes) Kleiner Kontinent	Sardinien
Kontinent	Krk (Kroatien)
Kleiner Kontinent	Gran Canaria
Landgebiete	
Fünfter Kontinent	Romney Marsh (GB)
Kleiner Kontinent	Navarra

Dreh- und Angelpunkt, Drehscheibe

Ein kleineres Land mit wichtiger Logistikfunktion für einen größeren Raum gilt auch als *Dreh- und Angelpunkt*. Singapur ist beispielsweise Dreh- und Angelpunkt Südostasiens. Die Niederlande bzw. Rotterdams Hafen haben logistisch diese Funktion für Europa. Nordrhein-Westfalen sieht sich selbst manchmal ebenfalls in dieser Funktion, Dubai strebt dies für Westasien an.

Manchmal sagt man auch *Drehscheibe*, ein Begriff, der aus dem Eisenbahnwesen kommt (französisch: *plaque tournante*). Dort nutzt man Drehscheiben, um eine Lokomotive wenden oder auf ein anderes Gleis setzen zu können. Im Englischen sagt man dagegen eher *hub* (Nabe), zum Angelpunkt auch *hinge*. Hub wird oft als Begriff für Finanzzentren wie Hongkong oder London genutzt (financial hub).

Herz und Seele

Als Herz Europas gilt heute das Elsass, früher galt auch Böhmen als solches und mit der Osterweiterung Europas könnte es wieder eines werden.

Als grünes Herz (und grüne Lunge) Europas gelten die Eifel (bzw. die Ardennen) und der Böhmerwald. Grünes Herz Europas nennt sich entsprechend auch der Verein Nationalparkregion Donau-Moldau. Neben dem Böhmerwald gelten Karelien und die Masurische Seenplatte *als grüne Lunge Europas*.

Auch die 'Grüne Steiermark' nennt sich manchmal *Grünes Herz Europas*. Als grünes Herz Deutschlands gilt wiederum Thüringen. Der von der Randstad in den Niederlanden umschlossene wenig bebaute Raum nennt sich wiederum Grünes Herz (der Niederlande).

Eine Seele hat Europa auch - so wird der Bodensee genannt. Allerdings ist das Schwäbische Meer nicht unbedingt ein *Seele* (Schwäbisch für kleiner See).

Goldenes Dreieck

Das bekannteste *Goldene Dreieck (Englisch: Golden Triangle)* ist das Schlafmohnanbau- und Heroinproduktionsgebiet im bergigen Grenzgebiet von Laos, Vietnam, Thailand und Birma.

Doch auch andere Gebiete werden so bezeichnet, so der von den Städten Basel, Bern und Zürich begrenzte zentrale schweizerische Wirtschaftsraum, das überwiegend in Kentucky gelegene Städtedreieck Lexington-Louisville-Cincinnati oder das Städtedreieck Delhi-Agra-Jaipur in Nordindien. Als Goldenes Gourmet-Dreieck in Italien gelten die Städte Parma, Modena und Mantua.

Silberne und Platindreiecke

Begriff	Region
Silbernes Dreieck	Drogenanbaugebiete Bolivien-Peru-Kolumbien
	Grenzraum Peru-Kolumbien-Brasilien (Drogenanbau)
Platinum Triangle	Nobelvororte von Los Angeles: Beverly Hills, Bel Air und Holmsby Hills

Schwarzes Dreieck

Ein *Schwarzes Dreieck* gab es ebenfalls. So hieß aufgrund starker Luftverschmutzung durch Braunkohlekraftwerke (darunter das von Turow) in den 80er Jahren ein an der Neiße gelegenes Gebiet, wo die Territorien der DDR, der Tschechoslowakei und Polens aufeinanderstießen. Heute meinen manche, aus dem *Schwarzen Dreieck* wäre mittlerweile ein *grünes Dreieck* geworden.

Als *Schwarzes Dreieck* wurde 1998 auch der Raum südlich von Montreal bezeichnet, der nach einem Eissturm von einem Blackout betroffen war.

Blutiges Dreieck

Über eine Million Soldaten starben im Zweiten Weltkrieg in Stalingrad - erschossen, erfroren oder verhungert. Aber auch zwischen den heute zu Weißrussland gehörenden Städten Witebsk, Bobruisk und Minsk war die Zahl der gefallenen Soldaten sehr hoch, weshalb dieses Städtedreieck als `Zweites Stalingrad´ galt und damals den Beinamen *Blutiges Dreieck* hatte.

Das Todesdreieck

Im letzten Irakkrieg wurde die Gegend südlich von Bagdad wegen starker irakischer Widerstände als *Triangle of Death* bekannt. Ebenfalls in den Medien war ein zweites irakisches Dreieck, das *Sunni Triangle*, eine Region nordwestlich von Bagdad mit überwiegend sunnitischer Bevölkerung.

Weitere Todesdreiecke

Begriff	Region
Triangolo de la morte (Emilia)	Städtedreieck Bologna-Reggio Emilia-Ferrara in den Jahren 1946-48 als Partisanen und militante Kommunisten etliche Anschläge verübten
Triangolo de la Morte (Neapel)	Gemeinden Acerra-Nola-Marigliano bei Neapel. Hohe Krebsinzidenz durch illegale Deponie von Giftmüll durch die Camorra
Triangle de la mort	Dreieck Algier-Larbaa-Blida in Algerien während des Bürgerkrieges 1997-1998

Nasses Dreieck

Das Elbe-Weser-Dreieck zwischen Bremerhaven, Stade und Cuxhaven wird umgangssprachlich auch als *Nasses Dreieck* bezeichnet. So heißt auch die Abzweigung des Dortmund-Emskanals vom Mittellandkanal. In Städten, in welchen Straßen ein Dreieck bilden und Kneipen anziehen, wird diese Konstellation auch als *Nasses Dreieck* bezeichnet, so in Berlin. Eine andere Bezeichnung für solche Kneipenviertel ist *Bermuda-Dreieck* (so in Bochum).

Das Rhabarberdreieck

Das *Rhubarb Triangle (Rhabarberdreieck)* ist ein nur 30 km² kleines Gebiet in West Yorkshire in Nordengland, in welchem geeignete Böden und passendes Klima Rhabarberanbau ermöglichen. Vor wenigen Jahrzehnten stammten noch 90 % der Weltrhabarberernte aus dem *Rhabarberdreieck*. Heute ist der Anteil geringer, doch Rhabarber wird hier immer noch angebaut.

Andere Dreiecke

Begriff	Region
Coconut Triangle	Region im Nordwesten von Sri Lanka
Coral Triangle	Korallenreiches Meeresgebiet zwischen den Philippinen, Indonesien und Neuguinea
Coffee Triangle	Kaffeeanbauprovinzen Caldas, Quindio und Risaralda in Kolumbien
Käsedreieck	Allgäustädte Wangen-Isny-Leutkirch
Textildreieck	Cottbus-Forst-Guben (vor 1989 10 000 Beschäftigte in der Textilindustrie)

Goldenes Viereck

Im siebenbürgischen Erzgebirge Rumäniens bilden die Städte Brad, Scaramb, Zlatna sowie Baia de Auries ein rohstoffreiches *Goldenes Viereck*. Hier befindet sich eine der größten Goldlagerstätten Europas, wo bereits vor mehr als 2000 Jahren von den Dakern Gold abgebaut wurde. Im Jahr 1998 machte das Goldene Viereck negative Schlagzeilen, als von einer australischen Firma zum Auslaugen von Gold und Silber aus den Erzen eingesetztes Natriumcyanid nach einem Dammbruch in die Theiß und später in die Donau geschwemmt wurde, was zu einer Ökokatastrophe mit Fischsterben führte.

Goldenes Viereck (*Golden Quadrilateral*) ist auch die Bezeichnung eines indischen Straßenbauprojektes (Budget 2.5 Milliarden Dollar), durch welches die vier indischen Metropolen Delhi, Bombay, Chennai (Madras) und Kalkutta bis 2013 miteinander verbunden wurden.

Ein Projekt eines *Goldenen Vierecks* gibt es in Südostasien. China, Laos, Birma und Thailand möchten ihre Grenzregionen durch wirtschaftliche Kooperation und Handel zu einem *Goldenen Viereck* ausbauen.

Und schließlich haben auch manche Städte ein Goldenes Viereck, so Mailand mit einer Edelshoppinggegend nördlich des Domplatzes um die Via della Spiga (*Quadrilatero d'Oro*).

Das bayerische Hopfenanbaugebiet Hallertau wird übrigens auch *Grünes Viereck* genannt.

Eisernes Viereck

Das im Bundesstaat Minas Gerais gelegene *Eiserne Viereck* (Port.: Quadrilátero Ferrífero) ist die wichtigste Eisenerzabbaustätte Brasiliens. Hier werden pro Jahr etwa 150 Millionen Tonnen Eisenerz gefördert. Die Eisenerzvorräte im *Eisernen Viereck* werden auf 61 Milliarden Tonnen geschätzt.

Bible Belt (Bibelgürtel)

Als *Bible Belt* (Bibelgürtel) werden Regionen, die von aktivem, evangelikalem Protestantismus geprägt sind. Der bekannteste *Bible Belt* umfasst die Südstaaten der USA. Hier trat nach verlorenem Bürgerkrieg im 19. Jahrhundert eine Hinwendung zur Religion auf. Die ursprünglich ebenfalls bibelgläubigen nördlichen Gebiete wurden durch Industrialisierung und gesellschaftliche Modernisierung dagegen im Laufe der Zeit säkularer. Durch Einwanderung aus Irland, Italien und später Lateinamerika ist der Nordosten der USA sowie der Westen mittlerweile stärker katholisch als protestantisch geprägt. Als zentrale Schnalle (*buckle*) im US-Bibelgürtel gilt übrigens Tennessee (bzw. Nashville). Bibelgürtel gibt es auch in anderen protestantisch geprägten Ländern, so etwa in den Niederlanden und in Nordeuropa.

In Indien bezieht sich der *Bible Belt* in den Nordostprovinzen weniger auf den evangelikalen Protestantismus als auf den dort hohen Christenanteil allgemein.

Land	Bible belt
Dänemark	Nordwestjütland
Finnland	Ostbottnien, Südbottnien
Niederlande	Korridor Overijse-Zeeland
Norwegen	Agder-Moere
Schweden	Jönköping-Göteborg
Nordirland	County Antrim
Neuseeland	Mount Roskill, Auckland
USA	Südstaaten
Kanada	Südliches Alberta, Saskatchewan
China	Nanjing
Indien	Nagaland, Mizoram, Manipur

Land der tausend Seen

Finnland nennt sich das *Land der tausend Seen*, aber auch etliche Regionen, deren Landschaft eiszeitlich geprägt und von Seen durchsetzt ist, tragen diesen Beinamen.

In Deutschland sind es Mecklenburg-Vorpommern und (seltener) Brandenburg, die manchmal so genannt werden. In Polen trägt das seenreiche Masuren diesen Beinamen, in Kanada ist es die Provinz Ontario und in China die Provinz Hubei. Der US-Bundesstaat Minnesota setzt noch eines drauf, er nennt sich *Land of a ten thousand lakes* und tatsächlich wurden im Bundesstaat 11 842 Seen gezählt.

Land der tausend Teiche

Einst wurden der freitägliche Fleischverzicht und die Fastenzeit zumindest von der Kirche penibel eingehalten. Da Fisch nicht als Fleisch galt, machten die Mönche das Beste daraus und legten Fischteiche an. In manchen Gegenden waren diese so zahlreich, dass sie noch heute den Beinamen *Land der tausend Teiche* tragen. Dazu gehören der Landkreis Tirschenreuth und das Plothener Teichgebiet in Thüringen, einst von Mönchen angelegt, um Karpfen zu züchten.

Land der tausend Berge

Ruanda nennt sich *Land der tausend Hügel* (pays des mille collines) aber auch Österreich hat ein *Land der tausend Hügel*- die `Bucklige Welt´ in Niederösterreich. Für Alpenbewohner kaum nachvollziehbar, nennt sich das Sauerland in Nordrhein-Westfalen auch `Land der tausend Berge´. Die Stadt Arnsberg gilt dabei als Eingangstor ins *Land der tausend Berge.*

Land der tausend Quellen

Die Türkei wird wegen ihrer Thermalquellen auch *Land der tausend Quellen* bezeichnet. Zu den Landschaften und Regionen, die so genannt werden, gehören der bayerische Jura und die am Schwarzen Meer gelegene Region Mingrelien in Georgien. Die Rhön wird zudem *Land der tausend Bäche und Quellen* bezeichnet.

Land der tausend Höhlen

Das Gegenteil zum Land der tausend Quellen ist das *Land der zehntausend Schlundlöcher* (land of a ten thousand sinks) - so wird eine Gegend im Westen Kentuckys genannt, wo sich zahlreiche Höhlen finden, darunter das Höhlensystem des Mammoth Cave Nationalparks. Im Sauerland, dem *Land der tausend Berge,* gibt es ebenfalls zahlreiche Höhlen, weshalb diese Region den zweiten Beinamen *Land der tausend Höhlen* trägt. Als *Land der tausend Höhlen* gilt auch die Fränkische Schweiz, Kappadokien und der Beit Govrin-Nationalpark in Israel.

Land der tausend/thousand...	
Quellen	Bayerischer Jura
	Mingrelien (Georgien)
Bäche und Quellen	Rhön
Flüsse	Galizien (Spanien)
Feuer	Erzweg/Oberpfalz
Bäche, Täler	Bergisches Land
Höhlen	Sauerland
	Fränkische Schweiz
	Kappadokien (Türkei)
Mühlen	Schwaben
(Fußball-)Derbys	Ruhrgebiet
Sunsets	Kalahari Wüste
(thousand) **Sinks**	Region in Kentucky
(thousand) **Rivers**	Süd-Kalimantan

2. Regionsformen

2.1 Regionsformen allgemein

Region	Form
Heilongijang	Schwan
Louisiana	Holzfällerstiefel
New Jersey	Mensch (Kopf und Rumpf)
Niedersachsen	Afrika
Sardinien	Fußabdruck
San Luis Potosi	Hund
Tasmanien	Tasmanischer Teufel (Kopf)

Geometrie

In den USA haben mehrere Bundesstaaten simple Rechteckform, darunter Kansas und Colorado. Im Punkt *Four Corners* treffen sich übrigens die Rechteck-Bundesstaaten New Mexico, Arizona, Colorado und Utah.

Tiere

Die Bewohner des mexikanischen Bundesstaates San Luis Potosi meinen, dessen Form ähnelte der eines Hundes. Leider trifft dies nicht für den Bundesstaat Chihuahua zu. Der Umriss der nordchinesischen Provinz Helongijang wird wiederum als Schwan gesehen.

Andere Formen

Das Emirat Dubai wiederum überlässt die Form seines Territoriums nicht dem Zufall. Vor der Küste entstand durch Landaufschüttung die Form einer Palme. Außerdem entstand ein Inselarchipel, welches die Umrisse der Kontinente nachzeichnet.

2.2 Regionsformen als Beinamen

Region	Form
Thurgau	Indien (gestaucht)
Apulien	Absatz des Stiefels
Kalabrien	Spitze des Stiefels
Gargano	Sporn des Stiefels
Sizilien	Dreieck, Dreiarm
Manitoba	Schlüsselstein-Provinz
Florida	Thermometer, Penis
Michigan	Handschuh
Oklahoma	Pfannenstiel
Pennsylvania	Keystone (Schlüsselstein)
West Virginia	Pfannenstiel (panhandle)

Der Stiefel

Die Form Italiens kommt einem Stiefel idealtypisch nahe. Von Spitze (Kalabrien), Absatz (Apulien) bis zum Sporn (Gargano) und Schaft sind alle Elemente enthalten.
Aber auch unter den US-Bundesstaaten gibt es einen (Holzfäller-)Stiefel: Louisiana.

Der Pfannenstiel

In den USA haben manche Bundesstaaten schmale Gebietstentakel, auch *panhandle* (Pfannenstiel) genannt. Ein typischer Fall ist Oklahoma, das Bratpfannenrumpf und Pfannenstiel fast idealtypisch vereint, aber auch West Virginia und Alaska verfügen über einen Pfannenstiel.

Die Blaue Banane

Der französische Geograph Roger Brunet prägte in einer Studie für die EU im Jahre 1989 den Begriff *Blaue Banane* für einen sich bananenförmig von Südengland bis Norditalien krümmenden Zentralraum Westeuropas.

3. Deutschland, Österreich und die Schweiz

3.1 Deutschlands Regionen allgemein

Der Freistaat

Die Bundesländer Bayern, Thüringen und Sachsen bezeichnen sich heute auch als Freistaat. Der im 19. Jahrhundert entstandene Begriff Freistaat war im Deutschen ursprünglich Synonym für eine Republik im Gegensatz zu einer Monarchie. Nach dem Ersten Weltkrieg war Freistaat die amtliche Bezeichnung für die meisten deutschen Flächenländer, darunter die großen Länder Preußen und Bayern. Es gab sogar einen Freistaat Coburg, welcher sich 1920 an Bayern anschloss. Hessen und Württemberg nannten sich dagegen Volksstaat, Baden nannte sich Republik. Beide Ausdrücke hatten dieselbe Bedeutung wie Freistaat. Die Stadtstaaten bezeichneten sich wie vor 1918 als Freie und Hansestadt (Hamburg und Lübeck), bzw. Freie Hansestadt (Bremen).
Nach dem Ersten Weltkrieg wurden die linksrheinischen Gebiete durch die Alliierten besetzt. Durch die kreisförmige Abgrenzung der Gebiete zwischen den Brückenköpfen Koblenz und Mainz war eine kleine Lücke am Rhein entstanden, die unbesetzt blieb und von Limburg an der Lahn aus regiert wurde. Da die Rheinanliegergemeinden geographisch isoliert waren, ließen sie sogar eigenes Notgeld drucken. Heute wird diese historische Kuriosität touristisch als *Freistaat Flaschenhals* vermarktet.
☞ Als Freistaat (oder Freistadt, Free City) wird gelegentlich auch der Kopenhagener Stadtteil Christiania mit seinen alternativen Lebensformen bezeichnet. Auch der Bohème-Stadtteil Uzupis im litauischen Vilnius nennt sich (scherzhaft) Free State. Und schließlich gibt es in Südafrika den Free State (ehemals Oranjefreistaat).

Nielsen und die Regionen

1923 gründete der amerikanische Marktforscher Arthur C. Nielsen (1897-1980) bei Chicago die AC Nielsen Corp. Der deutsche Ableger der Firma hat Deutschland in Nielsengebiete, das heißt einzelne Bundesländer oder Gruppen von Bundesländern unterteilt. Zurzeit gibt es sieben Nielsengebiete. Unlängst waren es noch acht, aber mittlerweile sind Berlin (Nielsen V) und die umliegenden neuen Bundesländer (außer Sachsen und Thüringen) zu Nielsen V+VI zusammengefasst.
Baden-Württemberg hat übrigens die nüchterne Bezeichnung Nielsen IIIb.

Nielsen I	Bremen, Hamburg, Niedersachsen, Schleswig-Holstein
Nielsen II	NRW
Nielsen IIIa	Hessen, Rheinland-Pfalz, Saarland
Nielsen IIIb	Baden-Württemberg
Nielsen IV	Bayern
Nielsen V+VI	Berlin, Brandenburg, Mecklenburg-Vorpommern, Sachsen-Anhalt,
Nielsen VII	Thüringen, Sachsen

Der Aldi-Äquator

Harald Schmidt machte in seiner Show einmal den Witz *„Es gibt nur zwei sinnvolle Bundesländer: Aldi Nord und Aldi Süd"*. Nach dem Zweiten Weltkrieg übernahmen Karl (1920-2014) und Theodor Albrecht (1922-2010) ein 1913 gegründetes, von ihrer Mutter betriebenes Lebensmittelgeschäft in Essen. Sie bauten dies zu einer kleinen Lebensmittelkette aus und 1960 hatten sie bereits 300 Filialen. Angeblich folgte im selben Jahr die Aufspaltung in Aldi Süd und Aldi Nord, weil sich die Brüder nicht über den Verkauf von Tabakwaren einigen konnten. Nach der Aufspaltung gab es Tabakwaren nur bei Aldi

Nord (heute gibt es sie auch bei Aldi Süd) und seither ist Deutschland durch den sogenannten *Aldi-Äquator* geteilt, der vom Niederrhein nach Fulda verläuft und Nordrhein-Westfalen und Hessen in zwei Teile spaltet.

Das Logo von Aldi Süd ist mit seinen orange-gelben Farbtönen wärmer als das blau-weiße Aldi Nord-Logo. Ursprünglich hatte Aldi Nord (Hauptsitz Essen) weniger Filialen als Aldi Süd (Hauptsitz Mülheim an der Ruhr), aber nach der Wiedervereinigung kamen die neuen Bundesländer gänzlich zu Aldi Nord.

Auch international ist Aldi in die zwei Gesellschaften geteilt, zu Aldi Nord gehört der größte Teil West- und Südwesteuropas sowie Polen, zu Aldi Süd die Alpenländer, Ungarn, Griechenland und die Britischen Inseln sowie die USA und Australien.

Die Alaaf-Helau-Grenze

Deutschland, zumindest die rheinländische Karnevalsregion, ist durch eine weitere Grenze geteilt, die Alaaf-Helau-Grenze. In Köln, Aachen und Bonn rufen die Jecken im Karneval *Alaaf*, südlich der Linie Bonn-Bad Neuenahr, so etwa in der Fassenachtsstadt Mainz, sagt man *Helau*. Düsseldorf liegt zwar nördlich der Linie, aber da man dort gerne mit Köln rivalisiert, sagt man dort nicht Alaaf, sondern ebenfalls Helau. Eine weitere Grenze, die zwischen Köln und Düsseldorf verläuft, ist die *Kölsch-Altbiergrenze*. In Köln sollte man deshalb kein Alt, in Düsseldorf kein Kölsch bestellen.

Der Limes

Eine historische, durch Deutschland verlaufende Trennlinie, die sich zum Beispiel immer noch in archäologischen Funden ausdrückt, ist der römische Befestigungswall *Limes*, der Gebiete mit von Römern gegründeten

Städten von Gebieten, die erst später Städte bildeten, trennt.

☞ Eine landschaftlich wichtige Grenze ist zudem die Mittelgebirgsschwelle, die das südliche und mittlere Deutschland von der Norddeutschen Tiefebene trennt.

Der Weißwurstäquator und die Mainlinie

Der Weißwurstäquator ist eine erstaunlich unscharfe scherzhafte Kulturgrenze. Einerseits ist damit die Donau als grobe Grenze Altbayerns (denn nur dort isst man Weißwürste) vom übrigen Deutschland gemeint. Allerdings liegt die Oberpfalz als Teil Altbayerns im Wesentlichen nördlich der Donau, ebenso wie Teile Oberbayerns, und südlich der Donau liegt ja auch Schwaben. Andererseits ist mit dem Weißwurstäquator die Mainlinie (die man sich deutlich nördlich des Mains verlaufend denken muss) gemeint, als Kulturgrenze zwischen Süddeutschland und dem ehemaligen Preußen. So interpretiert, passt die Bezeichnung jedoch nicht besonders gut, da man im fränkischen Nordbayern ja Bratwürste statt Weißwürste verzehrt (wie im nördlich des `Äquators´ gelegenen Thüringen).

Der Bratwurstäquator

Im März 2002 rief der damalige bayerische Innenminister Beckstein in Nürnberg als kulinarische Initiative einen *Bratwurstäquator* aus. Damit war jedoch nicht eine Grenzlinie gemeint, sondern die durch die Bratwurst gegebene kulinarische Verbundenheit von Franken, Thüringen und Sachsen. Franken und Thüringen reklamieren beide für sich, die Bratwurst erfunden zu haben und die schmackhaftesten Bratwürste herzustellen.

Der Spätzlesäquator

In Baden-Württemberg wird manchmal auch der Ausdruck *Spätzles-Äquator* verwendet. Auch dieser ist nicht genau definiert. Manchmal wird damit der Neckar gemeint, manchmal die Grenze Baden-Württembergs (vor allem zu Bayern hin, zum Beispiel Ulm als durch den Spätzles- bzw. Weißwurstäquator geteilt), manchmal der schwäbische Kernraum und manchmal bildet der Spätzlesäquator zusammen mit der Mainlinie (oder auch dem Weißwurstäquator) die Nordgrenze Süddeutschlands. Dabei wird davon ausgegangen, dass nördlich des Spätzlesäquators eher Kartoffeln gegessen werden, südlich davon eher Nudeln (Spätzle).

☞ Neben dem Spätzlesäquator wird auch der Begriff *Maultaschenäquator* als Symbol für württembergische Küche und Abgrenzung zu Bayern und zum Norden verwendet.

Ostelbien

Einst war auch die Elbe eine wichtige wirtschaftliche und kulturelle Grenze. Die östlich der Elbe gelegenen Gebiete waren von Großgrundbesitzern (`ostelbische Junker´) und abhängigen Bauern geprägt und wirtschaftlich und sozial weniger entwickelt als die Gebiete westlich der Elbe.

☞ Seltener gebraucht wird der Begriff Nordelbien. Er bezeichnet den Raum zwischen Elbe und deutsch-dänischer Grenze, also Hamburg und Schleswig-Holstein. Als protestantische Landeskirche gibt es die *Nordelbische Evangelisch-Lutherische Kirche*.

Realteilung und Anerbenrecht

Aber auch westlich der Elbe gab es große Unterschiede in der landwirtschaftlichen Besitzstruktur. In den westlichen, durch französische Besetzung von napoleonischer Gesetzgebung beeinflussten Regionen (Regionen an

Rhein und Neckar) herrschte Realteilung (Teilung zwischen den Söhnen) von landwirtschaftlichem Erbe vor, in den weiter östlichen gelegenen Gebieten wurde nach dem Anerbenrecht der Besitz dem ältesten Sohn überschrieben. In den Realteilungsgebieten waren die Flurstücke durch die Teilung bald so klein, dass die Bauern Nebenerwerb suchen mussten, was die Gewerbeentwicklung begünstigt hat. Da sie dies unweit ihrer Grundstücke taten, kam es hier zu einer weit gestreuten ökonomischen und siedlungsstrukturellen Entwicklung mit vielen Klein- und Mittelstädten. In den Anerbengebieten waren dagegen viele, die nichts erbten, zur Abwanderung gezwungen, was die Entwicklung größerer Städte begünstigt hat (München, Hamburg, Berlin).

Mittelgebirgsschwelle und Schniefebene

Nördlich der Mittelgebirgsschwelle liegt die Norddeutsche Tiefebene. Wegen des erkältungsfödernden Nieselwetters wird diese gelegentlich auch als *Schniefebene* verballhornt. Manche Teilregionen der Tiefebene gelten als besonders flach, so dass es Redensarten dazu gibt. Beispiele:

Die Region Niederrhein, sagt man dort, *‚ist so flach, dass sogar die Maulwurfshügel Schatten werfen‘*.

Die Friesen sagen *‚Ostfriesland ist so flach, dass man schon heute sieht, wer morgen kommt‘*.

☞ Auch südlich der Mittelgebirgsschwelle gibt es flache Gebiete, zum Beispiel im Alpenvorland (so die Münchner Schotterebene, die ‚Schiefe Ebene Münchens‘). Die Niederbayern sagen: *‚Die Oberbayern haben die hohen Berge, wir dagegen einen weiten Horizont.‘*

Baden-Württemberg

Da das ehemalige Königreich Württemberg und das ehemalige Großherzogtum Baden (plus das von Württemberg umgebene Hohenzollern) geographisch eng verzahnt waren, gab es bereits vor dem 2. Weltkrieg Pläne zur Schaffung eines Südweststaates. Nach dem Krieg war der nördlich der Autobahn Karlsruhe-Ulm gelegene Teil des Südwestens (Nordbaden und Nord-Württemberg) amerikanisch besetzt, der südliche Teil (Südbaden und Südwürttemberg) dagegen französisch. Das Grundgesetz hatte Volksabstimmung zu einer Neugliederung des Bundesgebietes vorgesehen. In der Volksabstimmung im Dezember 1951 votierten die Wähler in Württemberg mit 93% für eine Fusion. In Nordbaden stimmten 53% für eine Fusion, in Südbaden dagegen nur 38%. In Baden insgesamt war also eine Minderheit für eine Fusion. Da aber in drei Landesteilen eine Mehrheit erreicht wurde, wurde die Fusion durchgesetzt. Als provisorischer Name wurde Baden-Württemberg gewählt, dieser setzte sich schließlich durch. Eine vorgeschlagene Alternative, die auch den hohenzollernschen Landesteil berücksichtigte, war *Wübahoz,* eine andere *Staufen,* nach dem Herrschergeschlecht des Mittelalters. Heute haben sich die Bewohner des Südwestens an das Bundesland gewöhnt. Allerdings wird der Württemberg-Teil des Landesnamens immer wieder fälschlich mit n oder nur einem t geschrieben. Baden lässt sich halt doch leichter schreiben.

☞ In Württemberg werden die Badener (Badenser) auch *Gelbfüßler* genannt, in Bayerisch Schwaben (Schwaben und Franken gibt es in Bayern und Baden-Württemberg) gelten als solche wiederum die Württemberger.
Die pietistischen Bewohner des Raumes Mittlerer Neckar (Stuttgart) gelten manchen wiederum als *Pietkong.*

Bayern - wo die Uhren anders gehen

Man sagt `In Bayern gehen die Uhren anders´ und tatsächlich findet sich am Isartor in München eine Uhr, die linksherum läuft. Der Satz bewahrheitete sich auch in den Nachkriegsjahren als es darum ging, das Grundgesetz zu unterschreiben. In der Nacht vom 19. auf den 20. Mai 1949 stimmte der Bayerische Landtag gegen das Grundgesetz, da dessen CSU-Mehrheit mehr Rechte der Länder gegenüber dem Bund erreichen wollte. Dennoch wurde die Verbindlichkeit des Grundgesetzes für Bayern anerkannt. Bezüglich der Parteienlandschaft gehen die Uhren in Bayern noch heute ebenfalls anders: statt einer CDU gibt es dort eine CSU. Einst gab es den Spruch: *It is nice to be a Preiß, but it is higher to be a Bayer.* Manche Franken (gelten, da ohne eigenes Land, als 'Kurden Deutschlands') wären allerdings lieber *Frei statt Bayern.*

Bayern und Pfalz - Gott erhalt´s

Bis zum Zweiten Weltkrieg gehörte die Rheinpfalz als 8. Regierungsbezirk zu Bayern. Schulkinder lernten den Spruch *Bayern und Pfalz - Gott erhalt´s.* Doch nach dem Krieg fand sich der Kern Bayerns in der amerikanischen Besatzungszone, während die Rheinpfalz französisch besetzt war. So kam die Rheinpfalz schließlich zum Bundesland Rheinland-Pfalz, welches die Franzosen aus den nördlichen von ihnen besetzten Gebieten schufen.
Anfangs hatten viele Bürger Probleme, sich mit dem neuen Kunstgebilde zu identifizieren. So gab es in einigen Regionen des Landes Initiativen für einen Anschluss jeweils nach Hessen, Nordrhein-Westfalen oder Baden-Württemberg. Entsprechende Volksabstimmungen wurden jedoch erst nach mehreren Jahrzehnten durchgeführt, als sich die Bewohner endlich an das Bundesland gewöhnt hatten. So konnte der alte Spruch zu *Rheinland-Pfalz - Gott erhalt's* umformuliert werden.

Bayerns Regierungsbezirke

Bezirk	Beiname
Unterfranken	Weinfranken, Mainfranken Toskana des Nordens
Mittelfranken	Spielzeugland
Oberfranken	Bierfranken Bayerisch Sibirien
Oberpfalz	Ruhrgebiet des Mittelalters
Oberbayern	(Land der Berge und Seen)
Niederbayern	Toskana Deutschlands
Schwaben	(Land der 1000 Mühlen)

Bayern hat sieben Regierungsbezirke: jeweils drei in Franken und drei in Altbayern (Oberbayern, Niederbayern; Oberpfalz), dazu Schwaben (um eine Verwechslung mit Württemberg zu vermeiden auch als Bayerisch Schwaben bezeichnet). Mit seinem milden Klima ist Unterfranken (auch Mainfranken genannt) ein Weinland. Das raue Oberfranken, spöttisch auch als *Bayerisch Sibirien* bezeichnet, gilt mit seinen vielen kleinen Brauereien und seiner Biermetropole Bamberg dagegen als *Bierland*. Die Oberpfalz war im Mittelalter ein bedeutender Standort der Eisenerzeugung (vor allem Raum Amberg) und wird deshalb von Wirtschaftshistorikern auch als *Ruhrgebiet des Mittelalters* bezeichnet. Das Rottal, bzw. auch Niederbayern insgesamt, wird wegen der sanft gewellten Hügellandschaft auch *Toskana Bayerns* genannt. Für Oberbayern gibt es keinen etablierten Beinamen, manchmal wird es als *Land der Berge und Seen (und Flüsse)* bezeichnet. Für Schwaben ist *Land der 1000 Mühlen* eine neuere, bisher nur wenig verbreitete Bezeichnung.

Rheinland-Pfalz - der Flugzeugträger der NATO

Wegen der US-Militärflughäfen in Ramstein, Spangdahlen und Hahn wurde Rheinland-Pfalz einst auch als *Flugzeugträger der NATO* (beziehungsweise der USA) bezeichnet. Seit 1993 wurde aus Hahn ein ziviler Flughafen (mit starken Wachstumsraten und der irischen Ryanair als wichtigster Fluggesellschaft). Die *Ramstein Air Base* bei Kaiserslautern ist dagegen noch heute der größte Stützpunkt der *US Airforce* außerhalb der USA. Unweit von Ramstein findet sich in Landstuhl das größte US-Militärkrankenhaus außerhalb der USA.

Irgendwie erinnert die Form des Bundeslandes sogar entfernt an einen Flugzeugträger.

Saarland - Maßeinheit für Umweltkatastrophen

In den 1990er Jahren fragte sich das Satiremagazin Titanic, ob das Saarland eigentlich eine *Maßeinheit für Umweltkatastrophen* wäre. Denn immer wieder würden Medien beispielsweise von *Ölteppichen, doppelt so groß wie das Saarland* oder von *Waldbränden, die ein Gebiet von der Größe des Saarlandes* zerstört hätten, berichten. Das Saarland hatte einst mit 2500 km^2, 1% der Fläche der alten BRD und 1 Million Einwohner.

Saarmaika

Ein schwarz-gelb-grünes (CDU/FDP/Die Grünen) Parteien-Bündnis wird nach den entsprechenden Farben der Nationalflagge Jamaikas auch *Jamaika-Koalition* genannt. Nach den Landtagswahlen vom 30. August 2009 entschieden sich die Grünen im Oktober desselben Jahres für Koalitionsverhandlungen mit CDU und FDP und ermöglichten so die erste ‚Jamaika'-Koalition auf Landesebene. Der im Jahr 2009 entstandene Begriff *Saarmaika* bringt die politische Situation im Saarland auf den Punkt.

Nordrhein-Westfalen - NRW

Nordrhein-Westfalen ist wegen seines langen Namens das einzige Bundesland, welches auch in offiziellen Papieren abgekürzt wird. NRW ist ein gebräuchliches Kürzel. Wie für die anderen deutschen Länder gilt allerdings, dass der Ausdruck Bundesland ein umgangssprachlicher (um von eigenständigen Ländern/ Staaten zu unterscheiden), aber kein offizieller Begriff ist. Offiziell sind es Länder bzw. Stadtstaaten. Ein (nur selten gebrauchter) Spottname für NRW ist *Nordrhein-Wandalen*.

Hessen

Nach dem Zweiten Weltkrieg wurde in den amerikanisch besetzten Gebieten im Herbst 1945 ein provisorisch *Groß-Hessen* genanntes Gebiet gegründet. Es setzte sich aus den in der Besatzungszone gelegenen Gebieten des Volksstaates Hessen und den ehemals preußischen Provinzen Kurhessen und Nassau zusammen. Am 1.12.1946 wurde *Groß-Hessen* in *Hessen* umbenannt. Größte Stadt ist Frankfurt, auch *Bankfurt* oder *Mainhattan* (wegen der Banken und Hochhäuser) bzw. *Big Äppler* genannt.

Hessens Beinamen

Hessen hat keinen weit verbreiteten Beinamen, gilt aber als Drehscheibe oder als *Dreh- und Angelpunkt Deutschlands*. In Westdeutschland nahm Südhessen eine zentrale Position im Verkehrssystem ein (größter Flughafen, Eisenbahnknoten, Autobahnkreuz und Binnenwasserstraßen. Mit der Wiedervereinigung hat sich der geographische Mittelpunkt Deutschlands etwas nach Norden und Osten verschoben, liegt aber immer noch in Hessen.
Bad Hersfeld in Nordhessen hat deshalb Logistikfirmen angezogen. Die Versandlager vom Buchzwischenhändler Libri und von Amazon sitzen mittlerweile in dieser Stadt.

Hessisch Italien

Die Bergstraße ist bereits als *Hessisch Italien* bezeichnet worden. Das lag an Joseph II., einem österreichischen Erzherzog, der 1764 in Frankfurt zum römisch-deutschen König gekrönt wurde. Von 1765 an war er sogar Kaiser des Heiligen Römischen Reiches Deutscher Nation. Als Joseph II. nach Wien zurückreiste, kam er an einem Frühlingstag 1764 durch die Bergstraße. Die Natur stand bereits in voller Blüte und Joseph soll ausgerufen haben „Hier beginnt Deutschland, Italien zu werden".

Niedersachsen und die Pferde

In Deutschland gibt es etwa eine halbe Million Pferde, davon allein in Niedersachsen, dem `Land mit Weitblick´, dessen Bewohner `sturmfest und erdverwachsen´ sein sollen, über 100 000. Niedersachsen gilt als Pferdeland, sein Wappen zeigt ein weißes Pferd, und eine neuere Anzeigenkampagne, die das Land als Hochtechnologiestandort darstellen möchte, greift auf Pferdeäpfel als running gag zurück. 2007 schuf das Büro Jung von Matt/Alster für Niedersachsen den Slogan `Sie kennen unsere Pferde. Erleben Sie unsere Stärken´.

Niedersachsen und der Schwarze Kontinent

Niedersachsen gilt als einzige Region, die die Form Afrikas hat. Das Wendland ist hierbei das Horn Afrikas, der Raum Göttingen die Südspitze und Ostfriesland bildet Marokko. Die Ausbuchtung bei Osnabrück müsste vielleicht ein bisschen geglättet oder an NRW abgetreten werden, dann wäre die Form fast perfekt. Einem Niedersachsen, Carl Peters (1856-1918), ist es übrigens zu verdanken, dass Deutschland einst zu einer Kolonie Deutsch-Ostafrika kam. Peters wurde in Neuhaus an der Elbe geboren - im Osten des niedersächsischen Afrika.

Bremen - der kranke Mann an der Weser

In den 1970er Jahren begann für die Werften Bremens eine Strukturkrise, die bald die ganze Wirtschaft des Landes erfasste. Schließlich machte der Spruch vom *Kranken Mann an der Weser* die Runde. Dieser wird noch heute zitiert, etwa wenn Werder in der Bundesliga Schwächephasen aufweist oder wenn Bremen in der PISA-Studie als deutsches Schlusslicht ist. Aufgrund der hohen Verschuldung wird Bremen mittlerweile auch *Griechenland Deutschlands* genannt.

Hamburg - Deutschlands Tor zur Welt

Hamburg ist heute nach Rotterdam und Antwerpen der größte Seehafen Europas. Vor allem seine Rolle im Containerverkehr ist stark. Kein Wunder, dass der Hafen dem Stadtstaat zum Beinamen *Deutschlands Tor zur Welt* verhalf. Seit 1995 wird auch die Variante *Hamburg Tor zur Welt* genutzt. Nach Öffnung der mittelost- und osteuropäischen Staaten hat Hamburg ein erweitertes Hinterland bekommen, welches weit über Deutschland hinausgeht. In einer Werbekampagne wurde Hamburg auch als `Hoch im Norden´ vermarktet. Aus Hamburger Perspektive liegen etliche deutsche Regionen wiederum tief im Süden. Die südliche Hälfte der Bundesrepublik (für Hamburger gehört bereits Köln dazu) wird in Hamburg deshalb auch schon mal *Norditalien* genannt.

Schläfrig-Holzbein

Schleswig-Holstein, das *Land zwischen den Meeren*, gilt als eher ereignisloses Hinterland der Metropole Hamburg. Zu Beginn der Barschel-Affäre im Jahre 1987 monierte die deutsche Presse, dass im Land ja sonst auch wenig los sei und dieses deshalb den Spitznamen *Schläfrig-Holstein* (man sagt heute auch *Schläfrig-Holzbein*) hätte. Doch mit dem Selbstmord des

Ministerpräsidenten Barschel hatte das Land plötzlich ein Ereignis, welches Medien aus aller Welt anzog.

Mac Pomm und Südschweden

Mecklenburg-Vorpommern hat mit 21 Buchstaben den längsten Bundesländernamen Deutschlands. Kein Wunder, dass etliche Einwohner einfach salopp Mac (bzw. Mc) Pomm sagen. Ein seltener Begriff, der die Lage des Landes beschreibt, ist *Mecklenburg-Vorpolen*.
In Thüringen und Sachsen werden Mecklenburg-Vorpommern, Brandenburg und Berlin schon mal als *Südschweden* bezeichnet. Für Wismarer passt dies durchaus, denn die Stadt war noch bis 1803 de facto und bis 1903 de jure Teil Schwedens. Ende des 19. Jahrhunderts war Mecklenburg durch die wenig industriefreundliche Politik seines Großherzogs gegenüber anderen deutschen Regionen in seiner technischen und wirtschaftlichen Entwicklung zurückgefallen. Bismarck (1815-1898) meinte dazu, wenn die Welt unterginge, würde er nach Mecklenburg gehen, da dort alles 50 Jahre später passieren würde.

Berlin - das Spreeathen

1706 benutzte der märkische Dichter Erdmann Wircker erstmals den Ausdruck *Spreeathen*. Mehr als hundert Jahre später verdiente sich Berlin schließlich diesen Beinamen, der einen Ort der Gelehrsamkeit und des Geistes bezeichnet. 1809 wurde nämlich auf Initiative des preußischen Bildungsreformers Wilhelm von Humboldt in Berlin die erste moderne Universität gegründet, welche Forschung und Lehre vereinte. Diese Universität heißt seit 1949 Humboldt-Universität und gehörte im 19. Jahrhundert zu den besten Hochschulen Europas. Noch heute wird vom Humboldtschen Bildungsideal gesprochen.
☞ Die zahlreiche Graffitin verhelfen Berlin auch zum Beinamen *Spray-Athen*.

Brandenburg - die kleine DDR

In den ersten Jahren nach der Wende hatte das neu gegründete Land Brandenburg auch den Beinamen `die kleine DDR´ der neuen Bundesländer. Hier waren zahlreiche Altkader ansässig und der Strukturwandel ging erst langsamer voran als etwa in Sachsen. Brandenburger gelten Berlinern auch als *Randberliner*.

Brandenburg - die Streusandbüchse

Die Mark Brandenburg wurde früher wegen ihrer nährstoffarmen Sandböden auch abfällig *Streusandbüchse des Heiligen Römischen Reiches Deutscher Nation* genannt. Kartoffeln wachsen hier allerdings schon und deshalb gab König Friedrich II. 1756 den `*Kartoffelbefehl*´ aus, der Bauern zum Anbau der ursprünglich aus Südamerika stammenden Kartoffeln zwang.

Die Sonne Brandenburgs

In der Lausitz sagt man „Gott hat die Lausitz geschaffen, aber der Teufel hat die Kohle daruntergelegt". Die Bergleute ergänzten: „*Der Teufel hat die Kohle versteckt, aber wir haben sie gefunden*".
Heute werden riesige Braunkohletagebaugebiete in der (Nieder-)Lausitz geflutet und damit zu attraktiven Seenlandschaften. Für gutes Wetter ist auch gesorgt, denn die Lausitz gilt als `*Sonne Brandenburgs*´. In den letzten Jahren kam in trockenen Monaten allerdings aus der Lausitz so wenig Wasser in die Spree, dass diese zeitweise zum Schrecken der Berliner rückwärts floss.

Thüringen - die Denkfabrik

Nach der Wende gelang es Jena, als Sitz der Technologiefirma Jenoptik und der Softwareschmiede Intershop, seine Rolle als Technikstandort zu wahren. Ein zweites

Technologiezentrum ist Ilmenau mit seiner Technischen Universität. Historisch war zudem Weimar mit Goethe und Schiller eine Stadt des Geisteslebens. Kein Wunder also, dass sich Thüringen im Jahr 2001 den Slogan `Willkommen in der Denkfabrik´ gab.

☞ Zu DDR-Zeiten war Thüringen in die drei Bezirke Erfurt, Gera und Suhl aufgeteilt. Suhl der kleinste der 14. DDR-Bezirke und lag etwas abgeschnitten im, beziehungsweise hinter dem Thüringer Wald. Scherzhaft wurde der Bezirk auch *Autonome (Sozialistische) Gebirgsrepublik, Autonome Bergrepublik Suhl (bzw. Südthüringen)* oder nach seiner Hauptstadt Suhl ‚*Sozialistisches Unterentwickeltes Hinterland*‘ genannt.

Sexy-Anhalt

Als 2008 in Sachsen-Anhalt der Tolstoi-Film `The Last Station´ gedreht wurde, hatte die britische Oscar-Preisträgerin Helen Mirren Probleme mit der Aussprache des Bundeslandes und sagte einfach nur `Sexy-Anhalt´.
Anhalt mag sexy sein, aber in *Sachsen wachsen die schönen Mädchen auf den Bäumen*, zumindest sagt dies der Volksmund. Der Schauspieler Wolfgang Stumph hat allerdings in seinem Buch `*Sächsische populäre Irrtümer*´ nachgezählt und festgestellt, dass bisher keine einzige Miss Germany aus Sachsen kam.

Sachsens *Tal der Ahnungslosen*

Zu DDR-Zeiten konnte man im Bezirk Dresden (der bis zur polnischen Grenze reichte) sowie in Vorpommern kein Westfernsehen empfangen. Die Abkürzung des Westsenders ARD wurde scherzhaft als *Außer Raum Dresden* interpretiert. Vor allem der Dresdner Elbtalkessel galt deshalb als *Tal der Ahnungslosen*.

Das 17. Bundesland

In Mallorca sind 19 000 Deutsche mit festem Wohnsitz gemeldet. Dazu kommen zahlreiche deutsche Urlauber, Kurzaufenthalter und noch nicht gemeldete Zuzügler.

Im Jahre 1993 machte der CSU-Abgeordnete Dionys Jobst (*1927) Schlagzeilen, als er im Sommerloch gegenüber der Bild-Zeitung (scherzhaft) vorschlug, Mallorca für 50 Milliarden Mark für Deutschland zu kaufen und zum 17. Bundesland zu machen. Immerhin machte dies *17. Bundesland* als auf Mallorca gemünzten Ausdruck populär. Vor der Wiedervereinigung galt Mallorca (auch *Putzfraueninsel* genannt) übrigens bereits als *12. Bundesland*.

☞ Der Begriff Bundesland ist eine umgansgsprachliche, aber keine offizielle Bezeichnung. Offiziell heißen die deutschen Gliedstaaten *Länder*. Der Begriff Bundesland ist für überzeugte Mitarbeiter der Landesverwaltung ein rotes Tuch und fast ein Oxymoron. Da mit Ländern umgangssprachlich meist jedoch souveräne Staaten gemeint sind, sagt der Volksmund zur Erleichterung des Verständnisses meist Bundesland.

Das 18. Bundesland

Mittlerweile ist der Ausdruck 17. Bundesland so etabliert, dass man andere Gebiete außerhalb Deutschlands, in welche in neuerer Zeit viele Deutsche gezogen sind, als *18. Bundesland* bezeichnet. Als 18. Bundesland gelten zum Beispiel Florida (allein über 50 000 Deutsche im Großraum Miami), Kapstadt (30 000 Deutsche leben hier dauerhaft), Teneriffa (50 000), die Schweiz (310 000), die Toskana oder auch Pattaya (2000 deutsche Dauerbewohner, im Winter bis zu 20 000 deutsche Residenten) in Thailand. Manchmal wird auch Österreich wegen seiner Ähnlichkeit zu Deutschland und der Bundeslandgröße als 18. Bundesland bezeichnet.

<u>3.3 Deutsche Inseln</u>

<u>Nordsee</u>

Das Dornröschen der Nordsee

Der Tourismus auf der kleinen Insel Baltrum entwickelte sich etwas später als auf den übrigen Ostfriesischen Inseln. Deshalb galt Baltrum einst als das *Dornröschen der Nordsee.* Die Ostfriesen sagen zur Insel auch scherzhaft *Baldrum,* denn sie ist mit 6.5 km^2 so klein, dass man bald einmal rumgelaufen ist.

Die schönste Sandbank der Welt

Juist gilt den Friesen als *Töwerinsel*, als *Zauberinsel,* und noch heute verzaubert die einzigartige Ruhe der autofreien Insel Touristen. Manche nennen die Insel auch wegen ihrer langgezogenen Form und ihres breiten Strandes *schönste Sandbank der Nordsee* bzw. *der Welt.*

Die Grüne Insel

Sowohl Borkum, als auch Langeoog werden wegen ihrer Vegetation *Grüne Insel* genannt.

Spiekeroog als weitere grüne Insel

Auch Spiekeroog, wo um 1860 Wald angepflanzt wurde, gilt als *grüne Insel*. Einen anderen Beinamen will Spiekeroog dagegen vermeiden. Die Insel wehrt sich, exklusiv, also ein ‚zweites Sylt' zu werden.

Wangerooge - die Schöne

Wangerooge die zweitkleinste und östlichste der Ostfriesischen Inseln gilt wiederum als *die Schöne* dieser Inselgruppe.

Der Fusel-Felsen

Helgoland gehört administrativ zum Kreis Pinneberg und damit zu Schleswig-Holstein, doch Teil des Zollgebietes der EU oder des deutschen Steuergebietes ist die Insel dennoch nicht. Wegen der Butterfahrten mit zollfreiem Einkauf von Spirituosen in Duty-Free Shops wird Helgoland auch als *Fusel-Felsen* bezeichnet.

Die Königin der Nordsee

Edler geht es dagegen auf Sylt zu, der *'Königin der Nordsee'*. Mit Mallorca gilt Sylt als *Lieblingsinsel der Deutschen*. Sylt gilt zudem als *Insel der Reichen* und seit 1920 (erster FKK-Strand) als *Insel der Nackten*. Weil sich viele Hamburger auf Sylt aufhalten, wird die Insel scherzhaft auch *8. Bezirk Hamburgs* genannt;

Die Geliebte des Blanken Hans

In Norddeutschland wird die tobende Nordsee bei Sturmflut *'der Blanke Hans'* genannt. Der Amrumer Sachbuchautor Georg Quedens (*1934) veröffentlichte 2004 das Inselbuch *'Amrum. Die Geliebte des Blanken Hans'*.

Die friesische Karibik

Föhr gilt wegen seiner satten Vegetation im Volksmund als grüne Insel. Eine neuere Beinamenkreation zur Förderung des Fremdenverkehrs bezeichnet Föhr als *friesische Karibik*.

Die Perle unter den Halligen

Oland ist mit dem Festland und der Hallig Langeneß durch einen Damm verbunden und wird auch als *Perle unter den Halligen* bezeichnet. Die Hallig Nordstrandischmoor wird wiederum auch Lüttmoor genannt.

Die Goldene Krone im blauen Meer

Fehmarn bietet in der sonst eher ruhigen Ostsee gute Windbedingungen und gilt Surfern deshalb und wegen der vielen Sonnenstunden als *Hawaii Deutschlands*. Manchmal wird Fehmarn auch als *Goldene Krone im blauen Meer* bezeichnet. Denn eine Fahne mit goldener Krone auf blauem Grund (seit 1580 Lehnsfahne der Insel) weht vor vielen Häusern. Zudem scheint die Insel in manchen Monaten mit ihren gelben Rapsfeldern einer goldenen Krone im blauen Meer zu gleichen. Fehmarn wird von Einheimischen zudem als *6. Kontinent* gesehen.

Die Badewanne der Berliner

Mit seinen weißen Sandstränden und dem schönen Sommerwetter gilt Usedom als *Badewanne der Berliner*. Mediterran inspirierte Sommervillen machten Anfang des 20. Jahrhunderts den Usedomer Badeort Heringsdorf zum *Nizza des Nordens*.

Rügen - die Sonneninsel

So wie Usedom und Poel wird Rügen manchmal *Sonneninsel* genannt, auch *Badewanne der Berliner* sagt man zu Rügen (wie zu Usedom) manchmal.

Dat söke Länneken

Hiddensees Mischung aus reizvoller Landschaft und verkehrs- und menschenarmer Stille ohne Kurhäuser und Promenaden zog nach 1900 etliche Schriftsteller, Maler und Schauspieler an, darunter den Dichter Gerhart Hauptmann (1862-1946). Die Insel kam so zum Beinamen *Künstlerinsel*. Ihren Einwohnern gilt die Insel dagegen als *dat söke Länneken*, das süße Ländchen also.

Der Rösti- und andere Gräben

Die französisch-deutsche Sprachgrenze zwischen Ost- und Westschweiz wird umgangssprachlich auch als *Röstigraben* (bzw. Röschtigraben) bezeichnet. Die Sprachgrenze verläuft durch den Kanton Freiburg, wo der Fluss Saane ein anschauliches Symbol für den Röstigraben abgibt. Die französischsprachigen Schweizer sagen übrigens *Rideau de Rösti* (also Röstivorhang, was an den `Eisernen Vorhang´ erinnert). In Volksabstimmungen wird die Existenz des Röstigrabens oft deutlich. Westlich davon stimmen die Bürger liberal und europafreundlich ab, östlich davon eher konservativ und europaskeptisch.

Eine Ausnahme ist übrigens Basel, das mit seinen liberalen Positionen eigentlich westlich des Röstigrabens liegen müsste. Der Mentalitätsgraben, der Basel von der übrigen Deutschschweiz trennt, wird manchmal auch (nach den Basler Läckerli) *Läckerli-Graben* genannt.

Auch die italienischsprachige Schweiz weist mentalitätsmäßig ihre Besonderheiten auf. Sie ist von der übrigen Schweiz durch den *Polentagraben* (bzw. Risottograben) getrennt, ein Begriff, der von Journalisten kreiert wurde, jedoch noch nicht in die Umgangssprache eingegangen ist. In Graubünden teilt zudem der *Nusstorten-Äquator* deutschsprachige von rätoromanischen Sprachgebieten (die Nusstorte ist eine Bündner Spezialität).

Das Goldene Dreieck

Die Städte Basel, Bern und Zürich bilden das *Goldene Dreieck*, den wirtschaftlichen Kernraum der Schweiz.

In diesem Dreieck findet sich unter anderem der zentral gelegene Kanton Aargau und das Schienen- und Autobahnkreuz Olten, wo sich Nord-Süd- und Ost-West-Verkehrsachsen kreuzen.

Goldküste und Pfnüselküste

Das (rechte) Nordufer des Zürichsees hat wegen zahlreicher wohlhabender Anwohner den Beinamen *Goldküste*. An der gegenüberliegenden Südküste, in Kilchberg, wohnte nach dem Zweiten Weltkrieg Thomas Mann und später auch sein Sohn Golo Mann. Weil es am linken (also südlichen) Ufer des Zürichsees weniger sonnig ist (die Sonne steht ja nie im Norden) wird es im Volksmund auch als *Pfnüselküste* (Schnupfenküste) bezeichnet.

Das Rüebliland

Der Kanton Aargau wird auch als *Rüebliland* (oder *Rueblikanton*) bezeichnet. Rüebli ist das Schweizer Wort für Karotte, doch diese wurden im Aargau eigentlich kaum angebaut. Eher waren es Rüben, doch irgendwann wurde wohl aus Rübenland das schweizerischer klingende Rüebliland und sogar Postkarten aus dem Kanton wurden mit diesen Rüebli verziert.

Der Kulturkanton

Ein anderer Beiname für den Kanton Aargau ist *Kulturkanton*. Dieser Begriff stammt aus dem 19. Jahrhundert. Im Jahr 1811 gründeten fortschrittliche Aargauer Politiker, Schriftsteller und Verleger die 'Gesellschaft für vaterländische Kultur' auch 'Kulturgesellschaft' genannt, mit dem Ziel, den Bildungsstand der Bevölkerung zu heben. Diese Tätigkeit strahlte in die ganze Schweiz aus, und bald wurde der Aargau von den einen bewundernd, von den anderen spöttisch, 'Kulturkanton' genannt. Im Herbst 1968 machte der Kanton seinem Beinamen alle Ehre, als von den Aargauern in einer Volksabstimmung ein Kulturgesetz angenommen wurde. Der Kanton war damit einer der ersten der Schweiz, der die Förderung und Pflege von Kultur gesetzlich verankerte.

Energiekanton und Nuklea(a)rgau

Ein Viertel des Schweizer Stroms wird im Kanton Aargau produziert, weshalb dieser auch den Beinamen *Energiekanton* hat. Da der Strom größtenteils durch Kernkraftwerke erzeugt wird, sagen die Nachbarkantone auch *Nukleargau*, was Aargauer aber nicht gerne hören.

Mostindien

In der Schweiz wird der Kanton Thurgau auch als *Mostindien* bezeichnet. Der Kanton grenzt an den Bodensee und ist ein wichtiges Schweizer Apfelanbaugebiet und historisch damit verbundener Mostproduktion.
Der Bestandteil Indien im Spitznamen hängt auch mit der Form des Kantons zusammen, die etwas gestaucht, (teilweise auch, wenn man diese um 90 Grad dreht) derjenigen des Subkontinents gleicht. So spielt Mostindien auf Ostindien an (die Karibik gilt seit Kolumbus als Westindien).

Glarus - der Textilkanton

Glarus war einer der ersten Schweizer Kantone, welcher sich industrialisierte. Bereits 1740 wurde an einem Bach im Hauptort Glarus eine Zeugdruckmaschine zum Bedrucken von Textilien eingerichtet. Im 18. Jahrhundert kam es gar zum *Glarner Wirtschaftswunder*. Im Kantonshauptort Glarus waren um 1860 bereits 2000 Menschen in Industriebetrieben beschäftigt. Von den Firmen Blumer und Streiff bedruckte bunte Textilien wurden weltweit exportiert und kleideten auch afrikanische Stammesfrauen ein. Glarus hat deshalb noch heute den Beinamen *Textilkanton*.

Glarus und der Zigerschlitz

Glarus hat die Welt nicht nur durch den Textildruck bereichert, sondern auch den Ziger, eine Käsespezialität, die aus Molke hergestellt wird. Ziger wird nicht am Stück gegessen, sondern eher zum Würzen von Speisen genutzt. Dazu wird vom Ziger die gewünschte Menge abgeschabt. Daher kommt der Name Schabziger, welcher als ältestes Markenprodukt der Schweiz gilt. Dieser soll in den Glarner Alpen bereits seit dem 8. Jahrhundert hergestellt worden sein. Im Mittelalter musste Glarus an das Kloster Säckingen Abgaben liefern. Dies tat man in Form des Schabzigers, den man mit dem Schabzigerklee, den Kreuzfahrer aus dem Orient mitgebracht hatten, würzte. Diesem Produkt wurde ab 1463 ein Markenzeichen aufgeprägt - das älteste Markenzeichen der Schweiz.
Nach dem Zigerkäse wird der Kanton, dessen Linthtal wie ein Schlitz in den Alpen liegt, auch *Zigerschlitz* genannt.

Der Fünfliber im Kuhfladen

Der Kanton Appenzell ist völlig vom Kanton St. Gallen umschlossen. Die St. Galler haben bereits über diesen Kanton als *Fliegenschiss* gespottet, die Appenzeller kontern damit, sich als *Fünfliber in einem Kuhfladen* (ein silbernes Fünf-Franken-Stück im Kuhfladen St. Gallen also) bezeichnen. Die Appenzeller werden andererseits auch als *Rappenzähler* verballhornt. Appenzell, dessen Existenz auch mit dem erfolgeichen Kampf gegen den Bischof des katholischen St. Gallens zusammenhängt, ist wiederum in den protestantischen Halbkanton Appenzell-Ausserrhoden und den katholisch geprägten Halbkanton Appenzell-Innerrhoden gespalten. In Innerrhoden wurde das Frauenwahlrecht erst im Jahr 1991 eingeführt. Appenzell ist nach der Abtzelle benannt, St. Gallen nach dem irischen Mönch Gallus (lat. der Kelte).

Graubünden - die Schweiz im Kleinen

Graubünden ist der flächenmäßig größte Kanton der Schweiz. Der Kanton ist dreisprachig (deutsch/rätoromanisch/italienisch) und er umfasst Gebiete nördlich und südlich des Alpenhauptkammes. Deshalb wird Graubünden manchmal auch als *Schweiz im Kleinen* bezeichnet. Er wird wegen seiner Topografie auch *Land der tausend Gipfel* (außerdem wurden 150 Täler gezählt) und wegen seiner 650 Seen auch *Land der Gipfel und des Wassers* bzw. *Land der tausend Täler, Gipfel, Kirchen und Schlösser* genannt. Wegen seines Wappens gilt er zudem als *Steinbockkanton* und da er für manche Schweizer ein weißer Fleck ist, auch als *Räthisch Kongo*.

Neuenburg - der Uhrenkanton

In der Schweiz konzentriert sich die Uhrenproduktion im Mittelgebirgsrücken Schweizer Jura. Dort zwangen (wie im Schwarzwald) lange Winter die Bevölkerung, in der kalten Jahreszeit eine weitere Erwerbsquelle zu finden. So entwickelte sich früh eine handwerkliche Uhrenproduktion. Als Wiege der schweizerischen Uhrenindustrie gilt die Stadt Le Locle im Kanton Neuenburg, wo sich dieses Gewerbe seit 1705 entwickelte. Mit La Chaux-de-Fonds gibt es im Kanton Neuenburg eine weitere wichtige Uhrenstadt. Biel/Bienne, ebenfalls Uhrenstadt, liegt allerdings im Kanton Bern.

Zug - das Steuerparadies

Die Schweiz gilt international als Steuerparadies. Aber auch zwischen den Kantonen der Schweiz gibt es bedeutende steuerliche Unterschiede. Als Schweizer Steuerparadies gilt der zentral gelegene Kanton Zug, in welchem sich zahlreiche Unternehmenszentralen und Begüterte aus der Schweiz und dem Ausland angesiedelt haben, darunter der Metro-Gründer Otto Beisheim.

Der Sonnenbalkon der Schweiz

Der klimatisch durch die Lage auf der Alpensüdseite begünstigte Kanton Tessin wird auch als *Sonnenbalkon der Schweiz* bezeichnet. Teilweise bezieht sich der Ausdruck auf die mit 200 m über N.N. tiefstgelegensten Städte der Schweiz, Locarno und Ascona am Lago Maggiore.

Basel - die Pillenstadt

Der Halbkanton Basel-Stadt wird von der Chemie- und Pharmaindustrie geprägt, darunter Firmen wie Ciba, Hoffmann-La Roche und Novartis. Deshalb wird Basel auch Chemiestadt oder Pille(n)stadt genannt.

Der 27. Kanton

Die Schweiz hat, wenn man die Halbkantone mitzählt, insgesamt 26 Kantone. Mit dem Begriff *27. Kanton* werden unter anderem die Auslandsschweizer bezeichnet. Im Jahre 2007 lebten 668 000 Schweizer Staatsangehörige im Ausland, darunter 176 000 in Frankreich, 75 000 in Deutschland und 14 000 in Österreich (EU insgesamt: ca. 400 000). In Liechtenstein leben 3600 Schweizer - jeder zehnte Einwohner des Fürstentums kommt also aus dem Nachbarland.

In der Schweiz leben wiederum etwa 1.6 Millionen Ausländer. Darunter 180 000 aus Serbien, nach den Italienern (280 000) und den Deutschen (200 000), deren Zahl in den letzten Jahren sprunghaft gestiegen ist, die drittgrößte Ausländergruppe. Ein Großteil der als aus Serbien stammend klassifizierten Einwohner kommt eigentlich aus dem Kosovo. Der Kosovo wird deshalb manchmal auch als der *27. Kanton der Schweiz* bezeichnet. Die Schweiz war wiederum für ein anderes Balkanland Vorbild: In Bosnien-Herzegowina wurden nach Schweizer Muster Kantone eingerichtet.

3.5 Österreich

In einem fernen Land jenseits von Ob der Enns

In gewissem Sinne fangen alle ungarischen Märchen mit Oberösterreich an. Denn diese beginnen mit

„Messi, messi földön, meg az operencian is tul...",

und damit also mit `in einem fernen, fernen Land jenseits von Ob der Enns´. Land ob der Enns* war der alte Name Oberösterreichs. Oberösterreich war also lange so eine Art westliches Ende der den Ungarn bekannten Welt. Indirekt beginnen die ungarischen Märchen damit sogar mit Deutschland, denn dieses liegt jenseits von Oberösterreich. In ungarischen Märchen kommt zudem oft das *obderennsische Meer* vor, womit die Seen des Salzkammergutes gemeint sein sollen.

4-Viertelland

In Niederösterreich gibt es ein Waldviertel im Nordwesten, ein Weinviertel im Nordosten, ein Mostviertel im Südwesten und schließlich ein Industrieviertel im Südosten. Deshalb wird Niederösterreich auch als *4-Viertelland* bezeichnet, denn die vier Viertel füllen die ganze Landesfläche aus. Ansonsten gibt das Weinviertel auch dem Bundesland den Namen *Weinland*, um es vom Mostland Oberösterreich abzugrenzen.

Früher wurde Niederösterreich auch *Österreich unter der Enns* genannt. Bis 2017 war *Pröllistan* ein Spitzname, weil Landeshauptmann Erwin Pröll 25 Jahre, 1992-2017, im Amt war.

Das Mostland

1.2 Millionen Mostobstbäume machen Oberösterreich zum Mostland Nummer eins in Österreich, aus dem etwa die Hälfte der gesamten Mostobsternte des Landes

kommt. Most gilt als *flüssiges Gold Oberösterreichs*. Oberösterreich wird deshalb auch *Mostland* genannt, die Oberösterreicher haben den Spitznamen *Mostschädel*. Anfang des 20. Jahrhunderts war in Oberösterreich der Most als Getränk noch wichtiger als Bier. Damals fand in Linz eine *k.u.k Mostobstschau* statt und allein aus Oberösterreich kamen 40 Prozent der aus der ganzen Monarchie eingesandten 1200 Mostobstsorten.
Heute versucht Oberösterreich das kulinarische Spektrum zu erweitern und sich als *Genussland* zu vermarkten.

Kanton Übrig

Während Vorarlberg einst auch als *Schwanzfeder des Kaiseradlers* bezeichnt wurde, ist ein historischer Schweizer Ausdruck für Vorarlberg *Kanton Übrig*. Nach dem Ersten Weltkrieg war Österreich als recht kleiner deutschsprachiger Staat aus der Doppelmonarchie hervorgegangen, der zudem durch Verlust industriestarker Regionen in Böhmen vor wirtschaftlichen Problemen stand. So gab es manche, die sich dafür aussprachen, sich mit Deutschland zusammenzuschließen. Die Vorarlberger hingegen wollten sich der Schweiz anschließen. Eine Volksabstimmung ergab, dass 82 % der Vorarlberger sich für Anschlussverhandlungen mit der Schweiz aussprachen. Doch der Anschluss kam nicht zustande, teilweise auch, weil die französischsprachige Schweiz ein zu großes Gewicht des deutschsprachigen Landesteils fürchtete. Vorarlberg war zudem damals noch ein recht armer Kanton, der noch nicht so ökonomisch prosperierte wie heute. Heute nutzt Vorarlberg, wie Baden-Württemberg, mit welchem es alemannische Dialektgemeinsamkeiten teilt, als Selbstbezeichnung *Ländle*. Zu Vorarlberg, mit einer Fläche von 2600 km^2 und 370 000 Einwohnern selbst in Österreich ein kleines Bundesland, passt dieser Diminutiv allerdings besser.

Gsiberg

Die Vorarlberger werden wegen ihres Dialektes auch Xi/Gsiberger genannt (`sind sie oh in Vorarlberg gsi´`), das Bundesland dementsprechend *Gsiberg*. Aus dieser Sicht passt der Ausdruck Kanton wieder, denn auch die Schweizer sagen `gsi´` für `gewesen´`.

Silicon Alps

In den Boomzeiten der `New Economy´` Ende der 90er Jahre gab sich Kärnten in Anlehnung an das *Silicon Valley* den Beinamen *Silicon Alps*. Das wichtigste Standbein ist dabei Villach, wo 1979 von Siemens ein Entwicklungszentrum für Mikroelektronik eingerichtet wurde. Heute besitzt die aus dem Halbleiterbereich von Siemens hervorgegangene Firma Infineon in Villach ein Kompetenzzentrum für Automobil- und Industrieelektronik.

Die grüne Steiermark

Wegen ihrer grünen Matten spricht man auch von der (schönen) *grünen Steiermark*, sie gilt als *grünes Herz Österreichs* und auch die Landesflagge zeigt (weiß-)grün. Auch die steirischen Grünen nutzen den Spruch von der grünen Steiermark für ihre Zwecke, dabei ist die Steiermark eher rot (KPÖ-Bürgermeisterin in *Stalingraz*).

Sankt Eiermark

Der Landesname Steiermark wird von manchen scherzhaft als *St. Eiermark* interpretiert. Umgekehrt lesen manche Briten St. Anton als Stanton. Die Frankfurter Allgemeine Sonntagszeitung fragte sich im Rahmen einer Diskussion um das Für und Wider des Euro im März 2009 scherzhaft, ob die Steiermark heute nicht eigentlich *Steiereuro* heißen müsste.

Tirol, das Herz der Alpen

Tirol liegt so zentral im Alpenbogen, dass es sich zu Recht *Herz der Alpen* nennen kann. Kein Teil des Bundeslandes liegt außerhalb der Alpen. Das Bundesland Tirol besteht heute aus den Teilen Nordtirol und Osttirol. Das beide Regionen verbindende Südtirol wurde nach dem Ersten Weltkrieg von Italien annektiert.

Seit Coronazeiten (Ischgl, mehrere Wellen, rote Zone) hat das Bundesland auch den Spitznamen *Virol.*

Salzburg und das weiße Gold

Die gleichnamige Landeshauptstadt des Bundeslandes Salzburg, verdankte ihre Bedeutung und ihren Reichtum einst dem Salz, dem `weißen Gold´, daher der Stadtname. Heute profitiert Salzburg zusätzlich von einem anderen *weißen Gold* - dem Schnee.

Burgenland - das Land der Dörfer

Das Burgenland gehörte unter der österreichisch-ungarischen Doppelmonarchie als Deutsch-Westungarn zu Transleithanien, zur östlich der Leitha gelegenen ungarischen Reichshälfte. Nach dem Ersten Weltkrieg sprach sich die mehrheitlich deutschsprachige Bevölkerung jedoch für eine Angliederung an Österreich aus, und der Vertrag von Trianon von 1920 bestätigte diese Zuordnung. Doch da in Ödenburg (ungarisch Sopron), der Hauptstadt der Region, Ungarn die Bevölkerungsmehrheit stellten, setzte Ungarn für diese Stadt eine Volksabstimmung durch. Diese ging zugunsten eines Anschlusses der Stadt und ihres Umlandes an Ungarn aus. Ödenburg/Sopron erhielt deshalb in Ungarn den Ehrentitel *urbs fidelisssima* (treueste Stadt). Das neue österreichische Bundesland nannte man Burgenland, weil es sich aus Teilen von vier ungarischen Komitaten (Pressburg, Wieselburg, Ödenburg und Eisenburg) zusammensetzte. Ein Vorschlag, der sich nicht durchsetzte, war, es nach seinem Hianzn-Dialekt *Heinzenland* zu nennen. Mit dem Verlust Ödenburgs fehlte dem Land jedoch eine gewachsene Hauptstadt. Erst war Bad Sauerbrunn provisorischer Sitz der Landesregierung, bis 1925 die Kleinstadt Eisenstadt zur Landeshauptstadt wurde. Zu Zeiten des Kalten Krieges behinderte die Lage am Eisernen Vorhang die Entwicklung und noch heute gibt es keine größere Stadt im Bundesland. Das Burgenland ist, so sein Beiname, ein *Land der Dörfer* geblieben.

☞ Was den Deutschen die Ostfriesen sind den Österreichern die Burgenländer mit entsprechenden Witzen.

Das 10. Bundesland

Österreich hat 9 Bundesländer. Der Begriff `10. Bundesland´ wird in Österreich auf verschiedene Sachverhalte angewandt. Meist sind damit die Auslandsösterreicher gemeint. 400 000 Österreicher leben im Ausland, davon 175 000 in Deutschland. Jedes Jahr wird in Österreich eine Weltversammlung des 10. Bundeslandes veranstaltet (jedes Mal in einem anderen Bundesland).

In den 1950er und 1960er Jahren bezog sich der Begriff *Zehntes Bundesland* dagegen hauptsächlich auf die Neugewinnung landwirtschaftlicher Nutzflächen nach dem Zweiten Weltkrieg. Noch nicht so alt ist dagegen die Bezeichnung *Zehntes Bundesland* für Südtirol, welches bis 1919 zu Tirol und damit zu Österreich gehörte.

Neuerdings nennt sich zudem eine Teilorganisation der Grünen Partei Österreichs, die Migranten und andere Minderheiten vertritt, *Zehntes Bundesland*.

Und schließlich wird das *Salzkammergut* durch seine volkskulturelle Eigenständigkeit und seine Zugehörigkeit zu drei österreichischen Bundesländern (der größte Teil gehört zu Oberösterreich, kleinere Teile zu Salzburg und zur Steiermark) als *zehntes Bundesland* bezeichnet.

4. Europa

<u>4.1 Nordeuropa und Baltikum</u>

Uppland - Schweden im Kleinen

Das mittelschwedische, nördlich an Stockholm angrenzende Uppland gilt als Wiege und Kernraum Schwedens. In der uppländischen Stadt Uppsala wurde 1477 die erste Universität Schwedens gegründet. Der Süden des Landes war damals noch dänisch beherrscht. Da die Provinz Merkmale verschiedener schwedischer Landschaften besitzt, wird sie auch als *Schweden im Kleinen* (Little Sweden) bezeichnet. Als *Schweden im Kleinen* wird auch die historische Provinz Dalsland im Westen Schwedens bezeichnet. Im Buch *'Die wunderbare Reise des Nils Holgersson mit den Wildgänsen'* beschreibt Selma Lagerlöf, wie Uppland zu seiner landschaftlichen Vielfalt kam: von Västergötland bekam es die kleinen Flüsse, von Bohuslän die felsigen Inseln, von Sörmland die Buchten, von Östergötland die Wald-Wildnis und von Smaland die Heidekrauthügel.

Gästrikland - Tor zum Nordland

Gästrikland schließt nördlich an Uppland an und wird, obwohl in der Mitte Schwedens gelegen, zum Norden Schwedens gerechnet. Gästrikland wird auch *Tor nach Norrland*, dem nördlichen Landesteil, genannt. Gästrikland verwendet selbst den Spruch `Die Wildnis beginnt hier´.

Schwedens Glasreich

Im Jahre 1742 wurde in Kosta in der Provinz Smaland ein erster Glasbetrieb eingerichtet. Im Laufe der Zeit kamen immer mehr dazu, bis schließlich die Hälfte der schwedischen Glasproduktion aus dem Korridor Nybro-

Växjö in Südschweden kam. Viele Familienbetriebe mussten in den 1970er Jahren aufgeben oder mit größeren Firmen fusionieren, doch industrielle und kunsthandwerkliche Herstellung von Gläsern gibt es in Smaland noch heute.

Schonen - die Kornkammer Schwedens

Die historische Provinz Schonen (schwedisch Skane, lateinisch Scania) im Süden des Landes wird heute auch *Kornkammer Schwedens* genannt. Einst hieß sie jedoch *Kornkammer Dänemarks*, denn bis Mitte des 17. Jahrhunderts gehörte Schonen zu Dänemark. Die schwedische Schriftstellerin Selma Lagerlöf (1858-1940) sah Schonen wegen seiner kleinteiligen Landwirtschaft auch als *Flickenteppich*.
Die Küste von Skane wird auch *schwedische Riviera* oder *Riviera des Nordens* genannt.

Öland - Insel von Sonne und Wind

Die schwedische Insel Öland wird auch *Perle Schwedens* und *Insel der Sonne und der Winde* genannt. Einerseits hat sie, geschützt vor feuchten Atlantikluftmassen, ein relativ sonniges, trockenes Klima, andererseits bläst hier ein stetiger Wind. Wind und Meer haben der Insel zudem ihre Form gegeben. Wegen der weltgrößten Kalksteppe wird Öland auch *Insel der Steppe* genannt.

Gotland - die Sonneninsel

Auch die schwedische Insel Gotland hat ein sonniges Klima und wird deshalb *Sonneninsel Schwedens* genannt. Gotlands Hauptstadt Visby, welche auf der UNESCO-Liste des Weltkulturerbes verzeichnet ist, wird auch *Stadt der Rosen* bzw. *Stadt der Rosen und Ruinen* genannt.

Land der Mitternachtssonne

Schweden gilt auch als *Land der Mitternachtssonne*. Aber streng genommen scheint die Sonne nur im Norden des Landes im Sommer auch an Mitternacht, weshalb Lappland sich berechtigterweise ebenfalls *Land der Mitternachtssonne* nennt.

Det mørke fastland und Gokk

In Norwegen wird der südliche Landesteil wegen protestantischen Konservatismus auch *det mørke fastland*, das dunkle Festland, genannt.
☞ Der Norden Norwegens hat wiederum beim Militär den Spitznamen *Gokk*.

Finnland und die Jungfrau

Finnland wird in historischen Gemälden auch durch eine blonde junge Frau symbolisiert, einst Aura genannt. Auch die geographische Form Finnlands wird als Frau interpretiert. Allerdings ging nach dem Zweiten Weltkrieg ein Arm, die an die Barentssee grenzende Region Petsamo im Norden, an die Sowjetunion verloren, ebenso 'der Fuß' Karelien. Der dünne, an Schweden grenzende nordwestliche Arm wird sogar offiziell als ‚Arm‘ (*Käsivarsi*) bezeichnet, arm ist diese Region aber nicht.

Medicon Valley und H-City

Die Region Kopenhagen-Malmö ist ein wichtiger Standort von Medizintechnik und Biotechnologie, deshalb der Beiname *Medicon Valley*. 44 000 Menschen sind hier im Biotechnologiebereich beschäftigt, darunter 4000 Forscher an den 12 Hochschulen der Region.
Nachdem das Agglomerationsband an Seelands Ostküste über die Belt-Brücke mit der Städtekette in Ost-Jütland verbunden wurde, bezeichneten die Architekten P.

Hemmersen und T. Nielsen 2004 diese H-förmige Mega-Struktur als *H-City*.

☞ Die am Meer gelegenen nördlichen Vororte Kopenhagens werden nach dem bevorzugten Getränk der dort lebenden wohlhabenden Bevölkerung auch *Whiskey-Belt* genannt.

Die Insel der Könige

Die schlossreiche dänische Hauptinsel Seeland wird auch *Insel der dänischen Könige* genannt. Allein in der Stadt Roskilde sind 38 dänische Könige und Königinnen begraben.

Andere dänische Inseln

Bornholm gilt dagegen als *Sonneninsel* und als *Perle der Ostsee*. Als Garten Dänemarks gilt neben Fünen wegen der Apfelbäume auch die Insel Fejö. Ärö ist wiederum die *Perle der dänischen Südsee*. Mön gilt mit seinen Kreidefelsen als *Schwester von Rügen*. Dem Königstuhl von Rügen setzt Mön einen *Königinnenstuhl* entgegen.

Fünen - die Beinameninsel

Die dänische Insel Fünen hat zahlreiche Beinamen. Fünen wird *Dänemarks Grünes Herz* aber auch *Garten Dänemarks* und *Blumeninsel* genannt wird. Weil Hans Christian Andersen (1805-1875) in Fünens Hauptstadt Odense geboren wurde, gilt Fünen auch als *Märcheninsel*. Ein weiterer Beiname der Insel ist *Land der Herrensitze*.

Langeland und die 15

Langeland hat eine besondere Beziehung zur Zahl 15. Langeland gilt als *Insel der 15 Hügel, der 15 Mühlen, der 15 Kirchspiele* und *der 15 Bauernhöfe*.

Der Flämische Diamant

Die von der Verbindungslinie der Städte Antwerpen, Gent, Brüssel und Leuven eingeschlossene Raute bildet den wirtschaftlichen Kernraum Flanderns, die *Vlaamse Ruit,* die flämische Raute. Hier leben 5.5 Millionen Menschen. Brüssel, obwohl überwiegend frankophon, wird von den Flamen als deren Hauptstadt betrachtet, da es im Zentrum Flanderns liegt. Auf Englisch heißt die Raute *Flemish Diamond* und das ist nicht unpassend, denn in der Nordspitze sitzt mit Antwerpen eine Stadt, die auch *Diamantenwelthauptstadt* genannt wird.

La Wallifornie

In Belgien gibt es ein deutliches wirtschaftliches Gefälle zwischen der ehemaligen Schwerindustrieregion Wallonien (Kohle, Stahl), die heute in ihrem Kernraum Sambre-Maas-Furche von Strukturproblemen gekennzeichnet ist und dem von moderneren Leichtindustrien und Logistik geprägten Flandern. Doch auch in Wallonien gibt es Lichtblicke. Am besten entwickelt sich die südlich von Brüssel gelegene Provinz Wallonisch-Brabant, die deshalb auf Anregung des wallonischen Politikers Melchior Wathelet auch Wallifornie (Wallifornia) genannt wird. Die Provinz entstand 1995 durch Aufspaltung Brabants in einen niederländisch- und einen französischsprachigen Teil. Die Brabanter Universität Leuven wurde bereits in den 1960ern geteilt. Die französischsprachigen Fakultäten zogen aus dem mittelalterlichen Leuven (Löwen) in die neu gegründete Campusstadt Louvain-la-Neuve. Deren Life Science-Fakultät stimuliert heute die Entwicklung von Biotechnologie-Firmen. In der land-schaftlich attraktiven Region lassen sich zudem etliche in Brüssel tätige Expatriates nieder.

Outre-Moerdijk

Die Belgier sagen zu den Niederlanden auch *outre- (boven) Moerdijk*. Dabei ist Moerdijk (36 000 Einwohner) gar keine Grenzstadt, sondern liegt bereits tief im Landesinneren. Früher hat der Ort sogar zur Provinz Holland gehört. Doch im Jahre 1421 schuf die St. Elisabethsflut das Gewässer *Hollands Diep* im Mündungsbereich der Maas und trennte die Gemeinde von Holland ab. Während die Gebiete nördlich von Moerdijk später protestantisch wurden, blieb der Süden katholisch. Man sagt deshalb, dass die eigentlichen (protestantischen) Niederlande nördlich von Moerdijk beginnen. Als 1831 Belgien gegründet wurde, verblieben auch etliche katholische Gebiete bei den Niederlanden. Die niederländisch-belgische Grenze entspricht deshalb weder einer Sprach- noch einer Religionsgrenze.

Die Randstad und das Grüne Herz

In den 1930er-Jahren fiel Albert Plesman, Gründer der niederländischen Fluggesellschaft KLM auf, dass die großen Städte des Landes (Utrecht, Amsterdam, Den Haag, Rotterdam), aus der Luft betrachtet, fast zu einer Saumstadt mit drei Rändern zusammenschmolzen. So prägte er den Begriff Randstad, den er erstmals 1938 in einem Schreiben an die Regierung gebrauchte. Randstad wurde schließlich später zum offiziellen Planungsbegriff für diesen Ballungsraum, in welchem heute 40 % der Einwohner des Landes leben. Die Raumplanung achtete später darauf, dass die Randstad nicht zu einem Quadrat zusammenwuchs, sondern dass zwischen den Kanten Grünflächen erhalten blieben. So umschließt die Randstad heute das *Groene Hart*, das *grüne Herz* der Niederlande.

Brabantstad

Mit *Brabantstad* wird das Netz der fünf großen Städte der Provinz Brabant bezeichnet (Breda, Tilburg, Eindhoven, Helmond und s-Hertogenbosch). Der Raum *Brabantstad* erzeugt ein Fünftel der Industrieproduktion und ist Heimat von einem Zehntel der Bevölkerung der Niederlande.

Der Bibelgürtel

Östlich der Randstad verläuft in den Niederlanden in Nordost-Südrichtung von Overijse bis Zeeland der Bibelgürtel (*Bijbelgordel*), der von konservativen Protestanten bewohnt wird, die eher christdemokratisch wählen.

Wattendiamant und Insel der grauen Mönche

Etliche niederländische Inseln haben Beinamen. Ameland gilt als besonders schön, deshalb der Beinamen *Wattendiamant*. Texel gilt als *Niederlande im Kleinen*. Schiermonnikog, ihr Name bedeutet *Insel der grauen Mönche (schier=grau, kog=Insel)*, denn um 1200 wurde die Insel von Mönchen des Zisterzienserklosters Claerkamp im friesischen Dokkum besiedelt, heißt auf friesisch auch *Lytje Pole, kleine Insel* also.

Vom See zum Meer und zurück

Im Niederländischen heißt See Meer und Meer Zee. Die Meeresbucht Zuiderzee wurde 1932 durch den Bau eines Abschlussdeiches zum Ijsselmeer, also zum Ijsselsee. Die Römer nannten die Zuidersee *Flevo lacus*, Flevosee also. Damals sah die Küste anders aus als 2000 Jahre später und römische Karten zeigen den *Flevo* eher als See denn als Meeresbucht. Mit der Eindeichung wurde die

Meeresbucht wieder zum See und das eingedeichte Land bekam den Namen des Sees der Römerzeit.

N.O.P. und die Untergetauchten

Die fast 600 km^2 große Nordostpolder, Teil der Provinz Flevoland, wurde 1942 trockengelegt. Damals waren die Niederlande von den Deutschen besetzt und etliche Niederländer tauchten in dem wenig kontrollierten Polder mit seinem hohen Gras unter. Die Buchstaben N.O.P. für Noord-Oost-Polder wurden von den Niederländern bald als *Nederlands Onderduikers Paradijs*, als Paradies der niederländischen Untergetauchten interpretiert, ohne dass die Deutschen merkten, was hier gespielt wurde. Der Nordostpolder wurde so zu einem Zentrum der niederländischen Widerstandsbewegung.

Betuwe - der Obstgarten der Niederlande

Betuwe ist ein Landstrich zwischen den Flüssen Lek und Maas in der ostniederländischen Provinz Gelderland. Hier wird recht viel Obst angebaut, deshalb hat Betuwe den Beinamen *Obstgarten (fruittuin) der Niederlande*. Nach der Region ist auch eine Güterbahnlinie von Rotterdam ins Ruhrgebiet benannt und sogar der Familienname Beethoven soll sich von der nach den Batavern benannten Region ableiten. *Batavia* (so hieß früher die indonesische Hauptstadt Djakarta) ist wiederum die latinisierte Form des Landesnamens Niederlande.

Süd-Limburg - die Alpen Hollands

Für niederländische Verhältnisse ist die Topografie der Provinz Süd-Limburg bereits sehr bewegt. Hier findet sich mit dem 322.7m hohen Vaalserberg im Dreiländereck mit Deutschland und Belgien die höchste Erhebung des Landes. Süd-Limburg wird deshalb auch die Alpen Hollands genannt.

4.4 Frankreich

Supérieur und inférieur

Im Französischen hat das Adjektiv *inférieure* mehrere Bedeutungen. Bei Flüssen meint *inférieure* den Unterlauf, *supérieure* den Oberlauf. Bei Menschen ist *inférieure* jedoch eine inferiore Person. Das war auch der Grund, weshalb das Departement *Seine-Inférieure* 1955 in *Seine-Maritime* und das Departement *Loire-Inférieure* 1957 in *Loire-Atlantique* umbenannt wurde.

La France profonde

Als *la France profonde*, tiefstes Frankreich, gilt die zentralfranzösische Region Auvergne. Aber auch die Normandie (zumindest aus Pariser Sicht), die Gascogne, Burgund und der französische ländliche Raum allgemein wurden schon so genannt.

Pas de Calais

Die Franzosen machen gerne Belgier-Witze. Einer geht so: ein Flame möchte mit dem Auto nach Calais fahren. Da sieht er ein Schild *Pas de Calais* (so heißt die Meeresenge bei Calais und das zugehörige Departement). Daraufhin dreht er um.

Region	Beiname
Franche Comté	French Country
Guadeloupe	Gwada, Papillon (Schmetterling)
Korsika	Ile de beauté (Insel der Schönheit)
Haute Savoie	Haute Patate (Hohe Kartoffel) L´île verte (grüne Insel)
Lot	Land der Wunder
Lozère	Wasserschloss Frankreichs
Réunion	L´île intense

Elsass - das Herz Europas

Die Elsässer (und Lothringer) sagen zum übrigen Land auch *Innerfrankreich*, in Frankreich selbst hat das Elsass eine Randlage. Im zusammenwachsenden Europa liegt das Elsass jedoch zentral und verfügt mit Straßburg heute über eine wichtige Europastadt. Das Elsass wird deshalb heute auch *Herz Europas* genannt.

Lozère - das Wasserschloss Frankreichs

Lozère ist das französische Departement mit der geringsten Bevölkerungszahl - nur 74 000 Menschen leben hier auf mehr als 5000 km^2 - auf einen Quadratkilometer kommen also nur 14 Einwohner. 3 wichtige Flüsse entspringen im Departement Lozère: die Tarn, der Lot und der Allier. Lozère wird deshalb auch *Land der Quellen* (pays des sources) und *Wasserschloss Frankreichs* (Château d´eau) genannt.

Lot - Land der Wunder

Das Departement Lot bietet sehenswerte Landschaften. Der Fluss Lot mäandert durch diese Region und windet sich durch Engstellen. Von zahlreichen Aussichtspunkten kann man die eindrucksvolle Flusslandschaft betrachten. Dazu kommen Karstlandschaften mit Hochebenen aus Kalkstein, Höhlen und Grotten. Kein Wunder also, dass das Departement Lot *Pays des merveilles (Land der Wunder)* genannt wird.

Côte d´Or - die Goldküste im Binnenland

Das Kakao-Exportland Ghana wurde zu Kolonialzeiten *Goldküste* genannt. Dies war ein Grund, weshalb eine belgische Schokoladenmarke *Côte d´Or* heißt. In Frankreich gibt es ein Departement Côte d´Or. Doch dieses liegt in der Region Burgund, weit von jeder Küste.

Wales und die Walnuss

Interessanterweise gibt es einen Zusammenhang zwischen dem Regionsnamen Wales und der Walnuss.
Der germanische Name für die Kelten leitet sich von dem zwischen Rhein, Main und Leine siedelnden keltischen Stamm der Volcer ab. Wales ist eine Variante dieses Volksnamens. Weil die südlich der Germanen siedelnden Keltenstämme romanisiert wurden, wurde es später in germanischsprachigen Ländern üblich, die romanischen Nachbarn mit dem germanischen Wort für Kelten zu belegen. In der Schweiz heißen die Französischsprachigen deshalb auch die Welschen, in Tirol sind damit die Italiener gemeint (auch das unverständliche Kauderwelsch hängt damit zusammen), in Belgien sind es die Wallonen. Auch die slawischen Völker nutzten ähnliche Worte. Italien heißt im Polnischen *Wlochy* und im Regionsnamen *Walachei* (der in Rumänien nicht genutzt wird) drückt sich dies ebenfalls aus. Die aus dem Süden kommende Walnuss hat wiederum ihren Namen, weil sie als *welsche Nuss* bezeichnet wurde.

Offa´s Dyke und der Danelaw

Offa, von 757-796 König der im heutigen England liegenden Region Mercia, ließ zur Sicherung der Grenze gegenüber dem Nachbarvolk der Powys (im heutigen Wales lebend) einen Wall errichten, welcher noch heute sichtbar ist und *Offa's Dyke* genannt wird. Die Grenze zwischen Wales und England folgt in etwa diesem Wall. Doch als der Wall fertig war, kam die Gefahr aus dem Osten in Form dänischer Wikinger. Nördlich der Linie Liverpool-London gründeten diese Städte, deren Namen oft mit -by endet. Das damals von den Wikingern regierte Nordostengland wird heute auch als *Danelaw* bezeichnet.

North of Watford

Im County Northamptonshire gibt es eine Stelle, an der die eiszeitlichen Hügelwellen unterbrochen sind, den Watford Gap. Der Watford Gap gilt als natürlicher Verkehrskorridor und in diesem wurde in der Frühindustrialisierung auch der Grand Union Canal zwischen Birmingham und London und später die Autobahn M1 angelegt. Obwohl der Watford Gap eher eine Ost-West-Grenze darstellt, wird er von den Londonern als Nord-Südgrenze gesehen. *North of the Watford Gap* hat sich später im Südosten *als* abfällige Bezeichnung für den Norden Englands ausgebildet. Nahe London am Beginn der Autobahn M1 gibt es jedoch eine weitere Stadt namens Watford. Mittlerweile wird diese Stadt als die letzte des Südens gesehen und man sagt in London heute (abfällig) auch *North of Watford,* wenn man den Norden des Landes meint. Ist Schottland speziell gemeint, sagt man jedoch *North of Hadran's Wall.*

Trägt man *Eulen nach Athen,* sagt man in England `Carry coals to Newcastle`, der einst kohlereichen, heute strukturschwachen Stadt in Nordengland.

Die SuperCity

Die Autobahn M62 verbindet die Irische See mit der Nordsee und die Ballungsräume Liverpool, Manchester, Leeds und Kingston upon Hull. Für diesen dicht besiedelten Korridor gibt es die Vision einer SuperCity, (bzw. einer *SuperCity Coast to Coast*), eine Großstadtagglomeration, die diese Ballungsräume von Küste zu Küste verbindet.

Der Große Zeh Englands

Cornwall wird wegen seiner Form manchmal als *großer Zeh Englands* (bzw. Großbritanniens) gesehen, der vorsichtig die Wasser des Atlantiks testet.

Romney Marsh - der fünfte Kontinent

Die Romney Marsh ist eine 260 km² große Marschlandschaft in der Grafschaft Kent an der Südküste Englands. Die flache, teilweise unter dem Meeresspiegel liegende Landschaft gilt als einzigartig. Vom englischen Kardinal und Schriftsteller Richard Harris Barham (1788-1845) ist folgendes Zitat überliefert: `Nach Ansicht der besten Geographen teilt sich die Welt in Europa, Asien, Afrika, Amerika und die Romney Marsh.´ Die Romney Marsh also als (ohne Australien) fünfter Kontinent.

Die Britischen Inseln im Kleinen

Die Insel Arran bietet auf kleinem Raum solche Vielfalt, dass sie auch *Scotland in miniature* (Schottland im Kleinen) genannt wird. Für England übernimmt die Insel Wight diese Rolle (England in miniature), manchmal wird auch die unweit von Wight an der Südküste Englands gelegene Grafschaft Dorset so genannt. Als Irland im Kleinen gilt wiederum die Halbinsel Inishowen im County Donegal im Norden des Landes. Ein kleiner Teil Inishowens gehört zu Nordirland, ein weiterer Grund weshalb diese Halbinsel Irland so gut repräsentiert.

The Black Country

Birmingham, lange eines der wichtigsten Gewerbezentren des Landes, industrialisierte sich bereits um 1750. Das lag unter anderem an der verkehrsgünstigen Lage, Birmingham ist von Kanälen durchzogen, und an der Steinkohle, die in der Gegend im Tagebau abgebaut wurde. Die Steinkohle hat der Region nordwestlich von Birmingham vermutlich den Beinamen *Black Country* gegeben. Eine andere Theorie ist, dass die mit der Industrialisierung einhergehende gravierende Luftverschmutzung es gewesen ist, die dem Landstrich diesen Beinamen einbrachte.

Irlands Counties

In Irland haben zahlreiche Counties Beinamen. Waterford hat seinen Beinamen von der hier beheimateten Firma Waterford Crystal, Kilkenny vom dort abgebauten Marmor. Clares Beiname *Banner County* geht auf die Kampagne des irischen Politikers Daniel O´Connell zurück, der den Katholiken ein Recht auf einen Sitz im Westminster-Parlament verschaffen wollte. Demonstrationen mit großen Transparenten (banner) sollten dem im County Clare um 1828 Nachdruck verleihen.

Durch die Teilung Irlands wurde Donegal vom Süden isoliert und heißt deshalb heute *The Forgotten County*. An der Küste der Grafschaft Antrim in Nordirland gibt es fettig-üppiges *Ulster Fry* zum Frühstück, was ihr zum Beinamen *Cholesterol Coast* verholfen hat.

County	Beiname
Nordirland	
Armagh	Orchard County, Cathedral County
Fermanagh	The Lakeland county
Tyrone	The Red hand county
Republik Irland	
Carlow	Dolmen county
Cavan	Lake county
Clare	Banner county
Cork	Rebel county
Donegal	The Forgotten county
Kildare	The Short grass county
Kilkenny	The Marble county
Leitrim	Ridge county, Wild rose county
Louth	The Wee county
Offaly	The Faithful county
Wicklow	The Garden of Ireland
Waterford	The Crystal county
Wexford	The Model county

Der Mezzogiorno

Wie Deutschland wurde Italien erst in der zweiten Hälfte des 19. Jahrhunderts geeint und zum Nationalstaat. Vorher war das Land in etliche Königreiche und Herzogtümer sowie den Kirchenstaat um Rom aufgespalten, ein Teil Norditaliens gehörte zu Österreich. Das größte der italienischen Königreiche war das Königreich beider Sizilien mit der Hauptstadt Neapel. Die Wirtschaft und Gesellschaft in diesem Königreich war feudalistisch organisiert. Zwischen den Adligen und den abhängigen Bauern fehlte das Unternehmertum, welches sich in Norditalien herausbildete. Als Italien vereinigt wurde, fielen die süditalienischen Gebiete weiter zurück, da deren Industrie der Konkurrenz aus dem Norden nicht standhalten konnte. Viele Süditaliener wanderten deshalb nach Übersee aus. Noch heute besteht dieses Entwicklungsgefälle fort. Die Regionen, die ehemals Teil des Königreiches beider Sizilien waren, liegen als Mezzogiorno deutlich unter dem italienischen Durchschnitt. Die nordöstlichen Regionen des Mezzogiorno - Abruzzen, Molise und Apulien - haben sich in den letzten Jahrzehnten allerdings besser entwickelt als die südwestlichen Regionen Kampanien, Basilicata und Kalabrien (letzteres wird auch spöttisch *Calafrica* genannt). Ähnliches ist sogar im Norden zu beobachten - dort haben sich die östlichen Regionen besser entwickelt als die westlichen.

La Terza Italia

Im Jahr 1977 beschrieb der italienische Ökonom Arnaldo Bagnasco in seinem Buch *Tre Italie* die wirtschaftlichen Merkmale dreier italienischer Großregionen. Neben dem industrialisierten Nordwesten um Turin und Mailand mit seinen Großbetrieben und dem agrarisch geprägten weniger entwickeltem Süditalien identifizierte er ein drittes Italien (*Terza Italia*), den Nordosten des Landes, welcher über zahlreiche kleinere Betriebe, oft in Familienbesitz, verfügte. In den folgenden Jahrzehnten entwickelte sich *Terza Italia*, der kleinbetrieblich strukturierte Nordosten, besser als die anderen Landesteile und die zugehörige Emilia Romagna wurde, nach Südtirol (ebenfalls im Nordosten), zur reichsten Region des Landes. Mittlerweile ist aber selbst der Nordosten nicht ganz von der Wirtschaftskrise verschont. Konkurrenz aus China setzte seit 2000 der Möbel- und Schuhindustrie zu.

Apulien - die Region mit den vielen Beinamen

Apulien ist die italienische Region mit den meisten Beinamen. Wegen seiner Lage und Form gilt Apulien als Absatz des italienischen Stiefels und auch als *Brücke zu Griechenland* oder sogar *Griechenland Italiens*. Wegen seiner Landwirtschaft wird Apulien auch als *Kornkammer*, *Weinkeller* und *Gemüsegarten Italiens* bezeichnet. Aber auch *Schatzkammer der Kultur* wurde Apulien bereits genannt. In Apulien liegt zudem der Sporn des Stiefels, die Halbinsel Gargano, wegen ihres Klimas auch *Sonnenberg* genannt.

Sizilien - Dreieck und Dreizack

Auch Sizilien gilt als kulturelle Schatzkammer Italiens. Wegen ihrer Form wird die Insel mit ihren 3 Kaps (Peloroa, Lilibeo und Passero) auch Trinakria (Dreizack) genannt.

Die Lombardei und die Langbärte

Die Lombardei hat ihren Namen von den germanischen Langobarden (zu Deutsch den Langbärten), die dort nach dem Zerfall des Römischen Reiches zwischen 568 und 774 ein Königreich einrichteten.

Andalusien und die Landlose

Zur Herkunft des Provinznamens Andalusiens gibt es mehrere Deutungen. Eine davon ist, dass er sich von den Vandalen ableitet, die im Zuge der Völkerwanderung hier Station machten (Vandalusien). Eine andere Erklärung ist, dass sich Andalusien vom germanischen Wort Land-ahlauts ableitet, was Landlose, im Sinne von durch Lose von den Goten verteilten Landes, bedeutet. Eine andere Erklärung interpretiert die Landlosen als die ohne Land, was die hier ankommenden Goten zunächst waren. Wegen der vielen religiösen Feste wird Andalusien auch als *Land der 100 Fiestas* bezeichnet.

Kastilien - das Spanien des Grillens

Die Binnenregion Kastilien (vor allem Castilia y Léon) wird wegen ihrer regionalen fleischreichen Küche (ohne Meeresfrüchte) manchmal auch *España del Asado*, das ‚Spanien des Grillens' genannt.

Katalonien - Goten und Alanen

Als sich im 5. Jahrhundert die im heutigen Katalonien siedelnden Alanen mit den im Zuge der Völkerwanderung zugezogenen Goten mischten, entstanden daraus die Got-Alanen. Später schliff sich dies zu Katalanen und dem Provinznamen Katalonien ab.

Navarra - der kleine Kontinent

Navarra wird von seiner Bevölkerung wegen seiner landschaftlichen Vielfalt auch `kleiner Kontinent´ genannt. Navarra hat Anteil an den Pyrenäen und durch die Region fließt der Ebro, welcher, weil er durch trockene Gebiete verläuft, auch *Nil Spaniens* genannt wird.

Extremadura - Land der Konquistadoren (Eroberer)

Die an der Grenze zu Portugal gelegene Extremadura (`extrem hart´) wird auch *Land der Konquistadoren* (bzw. *der Eroberer*) genannt. Francisco Pizarro (1476-1541), der Eroberer des Inka-Reiches, wurde in Trujillo in der Extremadura geboren. Hernando Cortes (1485-1547) stammt aus der Gemeinde Medellin, die ebenfalls in der Extremadura liegt. Es scheint, dass die Region ihre Bewohner so abgehärtet hat, dass sie bereit waren, andere Kontinente zu erobern.

Murcia - der Gemüsegarten Europas

Die Provinz Murcia wird wegen ihrer Landwirtschaft auch *Gemüsegarten* bzw. *Obstgarten Europas* genannt. Noch mehr Treibhäuser gibt es in der andalusischen Provinz Almeria, eine Gegend dort hat deshalb den Beinamen *Plastikküste* bzw. *Plastikmeer*.

Baskenland - Land in einem Land

Die Basken rechnen zum Baskenland nicht nur die Autonome Region, sondern auch die Provinz Navarra und das baskische Sprachgebiet in Frankreich. Um ihre Eigenständigkeit zu unterstreichen, sehen sie das Baskenland gern als *Land in einem Land*, eine Formel, die manchmal auch die Katalanen für ihre Region bemühen.

Galizien - das Land der tausend Flüsse

Galizien mit seiner Pilgerstadt Santiago de Compostela (Ziel des Jakobsweges) gilt als regenreich. In Galizien gibt es dazu sogar den Spruch ‚Regen (in Santiago de Compostela) ist Kunst‘. Der Regen nährt in der bewegten Landschaft Galiziens zahlreiche Flüsse. Galizien wird deshalb ‚*Land der 1000 Flüsse*‘ genannt.

Alentejo

Die südlich des an Lissabon vorbeifließenden Tejo gelegene Region Alentejo hat zahlreiche Beinamen.
Sie gilt gleichzeitig als *Armenhaus, Schatzkammer* und *Kornkammer Portugals*. Zudem ist der Alentejo eine Art Ostfriesland Portugals, denn die übrigen Portugiesen machen Witze über seine Bewohner.

Das grüne Minho

Die Region Minho im äußersten Norden Portugals hat durch ihr feuchtmildes Klima immerwährend grüne Vegetation. Deshalb gilt das *grüne Minho* als *Garten Portugals* mit seiner ebenfalls grünen *Costa Verde*.

Madeiras viele Beinamen

Madeira (Portugiesisch für „Holz") hat viele Beinamen. Das Eiland wird wegen seiner üppigen Vegetation auch *Blumeninsel, Schwimmender Garten des Atlantiks* und wegen seines Klimas *Insel des ewigen Frühlings* genannt.

Die bunten Inseln der Azoren

Zu den Azoren gehören 9 größere Inseln. Darunter sind eine weiße Insel (Graciosa), eine grüne Insel (Sao Miguel) und eine Sonneninsel (Santa Maria). Faial wurde dagegen vom portugiesischen Poeten Raul Brandao *blaue Insel* genannt, und diesen Beinamen trägt sie noch heute. Hier blühen viele blaue Blumen, die Häuser sind mit blauen Kacheln dekoriert und die Straßenmarkierungen sind ebenfalls blau. Die Azoreninsel Terceira badet allabendlich in einem herrlichen lilafarbenen Sonnenuntergang und wird deshalb *lila Insel* genannt.

Polska A und Polska B

In der Zwischenkriegszeit war deutlich geworden, dass sich in Polen ein starkes wirtschaftliches Ost-West-Gefälle herausgebildet hatte. Das Gebiet östlich der Weichsel war weniger entwickelt und wurde als *Polska B* bezeichnet. Der höher entwickelte Westen galt dagegen als *Polska A*. Um das Gefälle auszugleichen, plante man ab 1935 den Aufbau eines zentralen Industriegebietes, COP genannt, auf beiden Seiten der Weichsel zwischen den Städten Kielce, Radom und Lublin, das beide Regionen ökonomisch verklammern sollte. Doch der Zweite Weltkrieg kam dazwischen und der östliche Teil von *Polska B* ging an die Sowjetunion verloren. Etliche seiner Bewohner wurden in die ehemaligen deutschen Gebiete im Westen umgesiedelt. Diese haben heute höhere Arbeitslosenquoten als Zentral- und Südpolen und damit Charakteristiken von *Polska B* nach Westen getragen. Der nicht ganz verwirklichte zentrale Industrieraum wird heute wiederum manchmal als *Polska C* bezeichnet.

Zweimal Paradies und einmal Schweiz

Während *Schweiz* als Gattungsbegriff für schöne Landschaften recht häufig auftritt, ist das ähnliche Räume bezeichnende *Paradies* wesentlich seltener. In der ehemaligen Tschechoslowakei gab es nur eine Schweiz (die böhmische Schweiz), jedoch sogar zwei Paradiese: ein böhmisches Paradies und ein slowakisches Paradies (ein im Zentrum des Landes gelegener Gebirgszug).
Ein Tschechisches (Böhmisches) Sibirien gibt es auch, und dort herrscht manchmal eine *böhmische Kälte*. Um Slavonice gibt es sogar ein *Böhmisches Kanada* (bzw. Tschechisch Kanada), so wird die Region Böhmisch Rudoletz wegen ihrer Landschaft heute auch genannt.

Die Schwäbische Türkei

Zwischen Plattensee und den Flüssen Drau und Donau liegt in Ungarn die deutsche Sprachinsel `Schwäbische Türkei´. Nach dem Ende der Türkenherrschaft wanderten im 16. und 17. Jahrhundert in diese Gegend viele deutsche Siedler ein. Teilweise kamen sie aus Schwaben oder reisten über die Donau mit *Ulmer Schachteln* ein, flachbordige Boote, die von Ulm abfuhren. Die Deutschen im südosteuropäischen Donauraum wurden später auch als *Donauschwaben* bezeichnet, im Gebiet Banat als *Banater Schwaben*.

Die Eltern des ex-Politikers Joschka Fischer waren Donauschwaben, sie kamen allerdings aus dem Raum Budapest und nicht aus der *Schwäbischen Türkei*. Einer der Fischer-Nachfolger bei den Grünen, Cem Özdemir, sieht sich übrigens als `türkischer Schwabe´.

Das Hauerland

Auch in der heutigen Slowakei gab es deutsche Sprachinseln, vor allem um die Stadt Kremnitz. Seit den 1930er Jahren wurde wegen zahlreicher Orte mit der Endung -hau (deren Name mit dem Waldroden zusammenhing), wie Glaserhau, Neuhau, Schmiedshau, als Sammelbezeichnung für die deutschen Sprachinseln in der Slowakei der Begriff *Hauerland* verwendet.

Bratislava und Centrope

Die Region Bratislava ist Teil der 2003 gegründeten Europaregion *Centrope*, die Teile von Österreich, der Tschechischen Republik, Ungarn und der Slowakei umfasst. Bratislavas slowakischer Name ist noch nicht lange etabliert. Im 19. Jahrhundert sagten selbst die Slowaken zu Pressburg Presporok (die Ungarn sagten Pozsony). Nach dem Ersten Weltkrieg hieß die Stadt nach dem US-Präsidenten zeitweise Wilsonovo mesto (Wilson-Stadt).

Transsilvaniens viele Namen

Die rumänische Region Transsilvanien hat viele Namen. Im Deutschen sagt man Siebenbürgen. Es gibt Vermutungen, wonach dies auf seine von deutschen Siedlern gegründeten sieben Städte zurückgeht (darunter Kronstadt, Herrmannstadt und Schäßburg). Doch bereits im 13. Jahrhundert war das Gebiet in deutschen Quellen als Septum urbium verzeichnet und damals gab es die sieben Städte noch gar nicht. Die Rumänen sagen Ardeal, die Ungarn, zu deren Königreich Transsilvanien lange gehörte, sagen Erdély (‚das Waldland‘).

Die Walachei

Die Walachei ist eine historische Landschaft in Südrumänien, welche nach den Walachen benannt ist (eine germanische Sammelbezeichnung für romanischsprachige Volksgruppen in Südosteuropa). Damit ist der Regionsname auch mit Wales und Wallonien verwandt, denn mit der Wortwurzel *welsch* bezeichneten die Germanen romanisierte Kelten.

Die Rumänen sagen jedoch nicht Walachei, sondern Oltenia zur Kleinen Walachei im Westen, in der örtlichen Witzkultur das Ostfriesland Rumäniens, und Muntenia zur Großen Walachei im Osten.

Walachei ist im Deutschen auch ein Ausdruck für ein abgelegenes, wenig entwickeltes Gebiet.

Astrachan - das Afrika Russlands

Die am Kaspischen Meer gelegene südrussische Region um Astrachan wird auch als *Afrika Russlands* bezeichnet. Hier ist es im Sommer heiß und trocken und man fühlt sich, als hätte man Europa schon verlassen. Als *Italien Russlands* gilt wiederum der Kaukasus, während die von Tartaren besiedelte, gut aufgestellte Region Tatarsan als *Schweiz Russlands* bezeichnet wird.

Bukowina - Europa im Kleinen

Als die Bukowina noch zu Österreich-Ungarn gehörte (also vor 1918; nach dem Ersten Weltkrieg kam die Bukowina zu Rumänien, nach dem Zweiten Weltkrieg wurde der nördliche Teil mit der Hauptstadt Czernowitz von der Sowjetunion annektiert und gehört heute zur Ukraine), wurde sie wegen ihrer ethnischen Vielfalt auch `Europa im Kleinen´ genannt. Hier lebten Ukrainer (1910: 38% der Bevölkerung), Rumänen (34%), Juden (ca. 15%) und Bukowinadeutsche (ca. 10%) friedlich zusammen. Wegen der schönen Landschaft wurde die Bukowina auch als *Schweiz Österreichs* bezeichnet. Die Hauptstadt Czernowitz galt als *österreichisches Jerusalem.* Die Stadt hat zahlreiche deutsch-jüdische Schriftsteller hervorgebracht, darunter Alfred Kittner und Paul Celan. Der Nationalsozialismus machte dieser Literaturblüte ein Ende und heute spricht man von der `*versunkenen Literaturlandschaft der Bukowina´.* Die Bukowina ist übrigens nach der Buche (russ. Buk) benannt und hieß im Deutschen auch *Buchenland.*

Nordalbanien - das Gangland

In Albanien folgte nach der politischen Wende Anfang der 1990er Jahre ein Jahrzehnt mit chaotischen, nur wenig gesetzlich regulierten Zuständen. Anstelle staatlicher Gesetzte trat in vielen Landesteilen der *Kanun*, ein aus dem Mittelalter stammender Kodex, welcher Blutrache einschließt. Besonders der Norden des Landes galt als von kriminellen Gangs beherrschtes Gebiet und bekam deshalb den Beinamen *Gangland.*

Im Süden Albaniens wurde hingegen Öl exploriert. Die Stadt Patos wurde zum Zentrum der albanischen Ölförderung. Die Region Patos Marinze wird heute auch *Erdölplantage* genannt.

5. Amerika

5.1 USA- Beinamen allgemein

USA - das Land der Beinamen

Die USA sind das Land der Städte und Bundesstaatenbeinamen. Fast jede mittelgroße Stadt nennt sich Hauptstadt von irgendwas (Akron beispielsweise *Rubber Capital of the World*, Castroville *Artichoke Capital of the World* usw.). Alle US-Bundesstaaten haben Beinamen, oft einen offiziellen plus ein paar inoffizielle. Einer davon ist sogar auf Auto-Nummernschildern zu lesen. Die wichtigsten US-Bundesstaatenbeinamen sind im Anhang aufgeführt. Auf der englischsprachigen Wikipediaversion sind 200 Bundesstaatenbeinamen aufgeführt, im Durchschnitt also 4 pro Bundesstaat. Die Bundesstaaten mit den meisten Beinamen sind Florida und Colorado (jeweils 10), Kalifornien (9) und Missouri (8). Auch im Ausland bekannte Beinamen sind Golden State (Kalifornien), Empire State (New York, siehe Empire State Building) und Sunshine State (Florida).

Die Beinamen etlicher Bundesstaaten leiten sich von typischen Pflanzen (South Carolina - Palmetto State, Maine - Pine Tree State, New Mexico - Cactus State, Kansas - Sunflower State) oder Tieren (Arkansas - Bear State, Oregon - Beaver State) ab, zumal die Bundesstaaten meist über jeweils eigene ‚offizielle' Blumen, Bäume und Vögel verfügen. Manche Beinamen spielen auf die Geschichte an, so `The Birthplace of Automobiles´ (Michigan), `Mother of Presidents´ (Virginia) oder `Mother of Southwestern Statesmen´ (Tennessee). Zu den Beinamen, die die Form oder Lage eines Bundesstaates beschreiben, gehören *Keystone State* für das backsteinförmige, zentral im Nordosten gelegene Pennsylvania, *Panhandle* (Pfannenstiel) State für Oklahoma oder *Border State* für das an der Nordgrenze gelegene Maine.

USA - das Land der Gürtel

Die USA werden in etliche geographische Gürtel eingeteilt. In der Landwirtschaft reichen sie vom Dairy Belt im
Norden zum Cotton Belt im Süden.

Gürtel	Produktion, Lage
Dairy Belt	Milchproduktionsgebiet zwischen Wisconsin und Vermont
Corn Belt	Maisanbaugebiet im mittleren Westen
Grain Belt, Wheat Belt	Weizenanbaugebiet im mittleren Westen, im Norden (Dakota) der Spring Wheat Belt, im Süden (Oklahoma) der Winter Wheat Belt
Fruit Belt	Obst-Produktion in Kalifornien
Cotton Belt	Baumwollgürtel in den Südstaaten

Der industrielle Kernraum von Pittsburgh bis Chicago
wird auch *Manufacturing Belt* genannt. Doch seit 1970
wurde dieser Gürtel immer mehr zum *Rust Belt* (Rostgürtel), einer Art Ruhrgebiet Nordamerikas. Nieder-
gangserscheinungen zeigten sich u.a. in der Autostadt
Detroit und der Stahlstadt Gary in Indiana. Der *Rust Belt*
ist wegen seines Klimas auch Teil des *Snow Belts*.
Parallel zum Niedergang des Manufacturing Belts kam es
ebenfalls seit den 1970ern zu einem Wirtschaftsboom im
Sun Belt. Dieser Gürtel erstreckt sich südlich des 37.
Breitengrades von Kalifornien nach Florida. Er schließt
damit die traditionell weniger entwickelten Südstaaten
der USA ein, die wegen ihrer evangelikal-protestan-
tischen Ausrichtung auch als *Bible Belt* gelten.
Eher seltener werden kleinere Teilräume als Belt bezeichnet. Ein Beispiel ist *Borscht Belt* für Feriensied-
lungen jüdisch-osteuropäischer Einwanderer in den Cats-
kill Mountains im Bundesstaat New York.

USA - Das Land der Agglomerationen

Jean Gottman (1915-1994) war ein französischer Geograph jüdisch-ukrainischer Herkunft, der, als die Nazis in Frankreich einmarschierten, in die USA floh. Er untersuchte den Ballungsraum an der Nordostküste der USA und prägte schließlich den Begriff *Megalopolis*, so der Titel eines Buches, welches er 1961 veröffentlichte. 3 Megalopoli identifizierte Gottman in den USA: *BosWash* (Boston-Washington, heute 55 Millionen Einwohner, auch als BoWash oder BosNYwash bezeichnet), *ChiPitts* (Chicago-Pittsburgh), heute 54 Millionen Einwohner und *SanSan* (San Francisco-San Diego).

Die zusammenhängenden Staaten

Von den 50 US-Bundesstaaten bilden 48 (alle mit Ausnahme Alaskas und Hawaiis) eine zusammenhängende Landmasse. Für diese Staaten gibt es im amerikanischen auch den Ausdruck contiguous (bzw. coterminus) United States, als Akronym auch CONUS. Manchmal sagen die Amerikaner, vor allem die in Alaska lebenden, auch einfach `the lower 48´, obwohl das nicht mitgezählte Hawaii noch tiefer im Süden liegt. Der Ausdruck `lower 49´ schließt diesen Bundesstaat dann mit ein.

Die Mason-Dixon Line

Zwischen 1763 und 1767 vermaßen die englischen Astronomen und Landvermesser Charles Mason und Jeremiah Dixon eine Grenzlinie zwischen britischen Kolonien in Nordamerika. Dabei handelte es sich im Wesentlichen um die Nord- und die Ostgrenze des heutigen Bundesstaates Maryland. Anfang des 19. Jahrhunderts wurde diese Grenze als Mason´s and Dixon´s Line zur Grenze zwischen Nordstaaten und Südstaaten und damit zwischen Sklavenhalterstaaten und `freien´ Staaten. Noch heute gilt die *Mason-Dixon-Line* als Kulturgrenze zwischen den Nord- und den Südstaaten. Im amerikanischen Bürgerkrieg kämpften allerdings nördliche Südstaaten wie Maryland und Kentucky, auf Seiten der Union (den Nordstaaten). Deshalb wird auch zwischen dem Deep South und dem Upper South unterschieden. Der Deep South beginnt südlich von Virginia und sein Kernraum sind die Bundesstaaten Mississippi, Alabama, Georgia und South Carolina.

Der Süden der USA wird auch Dixieland genannt. Es wird vermutet, dass dies mit der Mason-Dixon-Linie zusammenhängt. Andere meinen, dass sich der Begriff vom französischen Wort *dix* (zehn) ableitet, welches früher auf den Dollarnoten der Südstaaten zu lesen war.

Nach 1910 entwickelten weiße Musiker aus dem New-Orleans-Jazz einen Jazzstil, der Dixieland genannt wird.

Mason-Dixon Line (Karte: Wikipedia)

Connecticut - the richest State und Corrupticut

Connecticut ist ein Bundesstaat mit Techniktradition und gilt als wohlhabendster Staat in den USA. Zudem liegt Connecticut im Pendlereinzugsbereich der Finanzmetropole New York und weist etliche wohlhabende Schlafstädte auf. Es gibt den Witz, wonach jemand aufgefordert wird, den Namen des Bundesstaates zu buchstabieren, und als das Ergebnis zu kompliziert erscheint, meint der andere, „ich nenne ihn einfach *den reichen Bundesstaat*". Doch nicht alles ist Gold was glänzt. Nach etlichen Skandalen um das Jahr 2004 im Raum Bridgeport kam der Bundesstaat zum Beinamen *Corrupticut*.

Crashachussetts und Taxachusetts

Die Autofahrer des Bundesstaates Massachusetts sind im Nordosten der USA gefürchtet. Nicht umsonst hat der Bundesstaat den Beinamen *Crashachusetts*, während seine Autofahrer als *massholes* gelten. Auch der Straßenbau im Bundesstaat hat keinen guten Ruf. In den letzten Jahren begann man eine unattraktive Hochstraße in Boston unter die Erde zu legen. Doch das Projekt mit dem Spitznamen *Big Dig* kostete 14.6 statt 2.6 Milliarden $ wie ursprünglich geplant und wurde so zum teuersten städtischen Straßenbauprojekt der Welt. Kein Wunder, dass die Steuern in `*Taxachusetts*´ relativ hoch sind.

New Jersey - the Garbage State

New Jersey hat offiziell den Beinamen *Garden State*. Doch New Yorker oder Kalifornier sagen eher *Garbage State*, denn der Bundesstaat war lange für seine Umweltverschmutzung und seine dampfenden, wilden Mülldeponien bekannt. Eine strengere Umweltgesetzgebung hat mittlerweile Verbesserungen gebracht, doch es dauert üblicherweise lange, bis sich das Image gewandelt hat.

Little Egypt

Der Bundesstaat Illinois mit seiner Metropole Chicago gehört zum Mittelwesten und damit einst zu den Nordstaaten. Der Süden des Bundesstaates weist allerdings kulturelle, landschaftliche und klimatische Charakteristiken des Südens auf. Er wird auch *Little Egypt* genannt. 1818 kauften Landentwickler ein Gebiet am Zusammenfluss von Mississippi und Ohio River auf. Die Gegend kam ihnen wie das Nil-Delta vor und eine Stadt namens Cairo wurde in Little Egypt gegründet.

Forgottonia

Im Bundesstaat Illinois liegt eine weitere Region mit einem besonderem Beinamen- Forgottonia. Dieser Beiname für 14 zwischen den Flüssen Illinois und Mississippi im Westen des Bundesstaates gelegene Counties kam Anfang der 1970er Jahre auf. Damals führten in dieser Gegend nur wenige Brücken über den Illinois-Fluss und die Region war auch sonst schlecht an das Fernstraßennetz der USA angeschlossen. Der Kongressabgeordnete Dick Durbin, der den Süden der Region repräsentierte, nutzte den Begriff, um darauf aufmerksam zu machen, dass die Region bei der Entwicklung der Verkehrsinfrastruktur ‚vergessen' worden war.

Forgottonia Counties (Karte: Wikipedia)

Delaware - Liechtenstein der USA

Seit der Finanzkrise betreiben die USA zusammen mit Deutschland und Frankreich aktiv das Zurückdrängen von Steuerparadiesen. Manche der Steuerparadiese in der Karibik und in Europa monieren jedoch, dass die USA unter ihren Bundesstaaten selbst Steuerparadiese dulden. Als solches gilt der Ostküsten-Bundesstaat Delaware. Nach der Gesetzgebung dieses Bundesstaates sind die Tochterfirmen von Holdinggesellschaften von der Steuer befreit, was zur Ansiedlung vieler Holdinggesellschaften geführt hat. 58 % der 500 größten Unternehmen des Landes sind in diesem Bundesstaat registriert. Aufgrund der Steuereinnahmen durch hunderttausende im Bundesstaat registrierte Holdings kann Delaware auf eine Umsatzsteuer verzichten. Delaware wird deshalb auch als das *Liechtenstein der USA* bezeichnet.

Kentucky - das blaue grüne Gras

Kentucky gilt als amerikanisches Herzland. Die Bedeutung des irokesischen Wortes kentake, auf das der Name des Bundesstaates zurückgeht, ist nicht ganz geklärt und reicht von *Land des Morgens* bis *Land der Wiesen* und *Land des grünen Schilfs*. Tatsächlich ist das Gras in Kentucky grüner als in den meisten anderen Bundesstaaten, weshalb er auch führend in der Pferdezucht ist. Trotzdem hat der Bundesstaat statt Green Grass State den Beinamen Blue Grass State, wohl weil das Gras im Frühjahr azurblau schimmert.

Pennsyltucky und ‚The T'

Pennsyltucky ist der Spitzname für die ländlichen, zwischen den Agglomerationen Philadelphia und Pittsburgh gelegenen Gebiete des Bundesstaates Pennsylvania. Diese Region, wegen ihrer Form auch ‚*The T*' genannt, hat etliches mit den ländlichen, eher konservativen Gebieten des Bundesstaates Kentucky gemein.

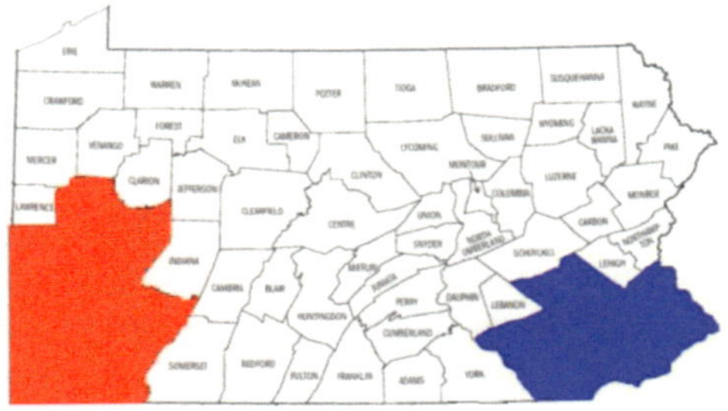

The T, Karte: Wikipedia

Louisiana Lapland

Die Grenzen der US-Bundesstaaten schneiden manchmal Regionen auseinander, die in ihrem Charakter eigentlich zusammengehören. Louisianas Charakter scheint über die Bundesstaatgrenze hinweg die Südküste von Texas bis etwa Galveston zu prägen. Deshalb heißt dieser texanische Küstenkorridor auch Louisiana Lapland (im Sinne von ‚Louisiana *laps* into Texas‘). Eine andere Bezeichnung für den Korridor Houston-New Orleans ist Zydeco, nach einer im Süden Louisianas entwickelten Musikform, die bis Houston populär ist (in Houston wurden übrigens auch Flüchtlinge des Katrina-Hurrikans, der 2005 New Orleans verwüstete, aufgenommen).

Florida - God´s Waiting Room

Florida hat etliche Beinamen. Da viele Rentner aus den winterkalten Gebieten der USA sich in diesem *Sunshine State* (bzw. *Tropical State*) niederlassen, wird Florida auch als *God´s Waiting Room* bezeichnet. Andere Beinamen beziehen sich auf seine landwirtschaftlichen Produkte (*Citrus State, Orange State*). Floridas Form wird auch mit einem *Thermometer*, das im Wasser der

Karibik steckt, um die Temperatur zu messen, verglichen. Andere meinen, der Bundesstaat wäre penisförmig.

Mexifornia und Mexas

In den letzten Jahrzehnten ist der Anteil mexikanischstämmiger Bevölkerung in Kalifornien und Texas durch starke Zuwanderung und hohe Geburtenraten der Einwanderer erheblich angestiegen. Die grenznahen Gebiete in Texas haben bereits eine mexikanischstämmige Bevölkerungsmehrheit und im Raum Los Angeles sind die Hispanics (überwiegend Mexikaner) mittlerweile die größte Bevölkerungsgruppe. Die Mexikanisierung von Kalifornien und Texas wird mit den Begriffen *Mexifornia* und *Mexas* ausgedrückt.

Alas und Alaska

Bei den US-Wahlen im Herbst 2008 kandidierte Sarah Palin, die Gouverneurin Alaskas, für das Amt des US-Vizepräsidenten. Nach zahlreichen peinlichen Ausrutschern meinten Kommentatoren, Palin hätte dem *alas* (= leider) in Alaska zur Bedeutung verholfen. Alaskas Küste soll dem Profil Abraham Lincolns ähneln, mit der Aleutenkette als seinem Bart.

Hawaii und der Honeymoon

Hawaii gilt in den USA wie Florida zugleich als Hochzeitsreisedestination und als Altersruhesitz. Beide Bundesstaaten haben deshalb den Beinamen `State of Newlyweds and Nearly Deads'* (‚Bundesstaat der Frischvermählten und der Fast-Toten‘).

Oilberta - the Energy Province

Die Provinz Alberta verfügt über große Ölsandvorkommen, was ihr zu den Beinamen *Energy Province* und *Texas of Canada* verholfen hat. Manche sagen auch *Oilberta* oder *Saudi Alberta*. Seine Ölvorkommen haben Alberta in den letzten Jahrzehnten zu einem hohen Wirtschaftswachstum und zu einer stark steigenden Bevölkerungszahl verholfen. Vor allem die Städte Edmonton und Calgary boomen. Noch vor wenigen Jahrzehnten galt Edmonton als *Deadmonton* oder *Edmonotone*. Weil die Provinz nach Louis Carolin Alberta, Tochter der britischen Königin Victoria, benannt ist, wird sie auch *Princess Province* genannt. Wegen des trockenen, sonnigen Klimas hat Alberta auch den Beinamen *Sunshine Province*. Die kalten Winter verhelfen der Provinz aber auch zur weniger schmeichelhaften Bezeichnung *Alberia*.

Manisnowba und die Briefmarke

Kalt ist es auch in der Provinz Manitoba mit seiner auch *Winterpeg* genannten Hauptstadt. Die Provinz wird wegen der eisigen Winter auch *Manisnowba* oder *Manisitcoldout* genannt. Manitoba ist nach dem Indianergott Manitu benannt. Bei ihrer Gründung war die Provinz Manitoba noch klein und hatte Rechteckform. Sie wurde deshalb *postage stamp province*, (Briefmarkenprovinz) genannt

Saskatchewan und the Gap

Zusammen mit der Keystone (Schlüsselstein) Provinz Manitoba bildet der Präriestaat Saskatchewan `The Gap´. Wegen seiner linken Provinzregierung wurde bereits von der *People's Republic of Saskatchewan* gesprochen.

Prince Edward Island - die Kartoffelinsel

Die Prince Edward Island ist die kleinste Provinz Kanadas. Sie gilt als *Garden Island* oder als *Garden in the (Saint Lorenz) Gulf*. Von der Insel kommen ein Drittel aller in Kanada produzierten Kartoffeln, sie wird deshalb auch *Potato Province* oder *Spud Island* (Knolleninsel) genannt. Ein anderer Spitzname der Insel ist *Million acre Farm* (Million Morgen Farm).

New Brunswick - the Picture Province

Die kanadische Provinz New Brunswick (Neubraunschweig) wurde nach dem Fürstenhaus von Braunschweig benannt, aus dem der englische König Georg III stammte. Während und nach dem US-Unabhängigkeitskrieg flohen viele loyale Amerikaner nach New Brunswick, weshalb sie zum Beinamen *Loyalist Province* kam. Wegen ihrer schönen Landschaft wird New Brunswick auch the *Picture Province* genannt.

Nova Scotia - Land of Evangeline

Nach der Eroberung Kanadas durch die Briten wurden die Akadier, Nachkommen von französischen Einwanderern aus der Normandie und der Bretagne, die in der französischen Kolonie Akadien (Nova Scotia, New Brunswick und die Prince Edwards Insel) siedelten, von den neuen Kolonialherren auf Boote gezwungen, die sie entlang der amerikanischen Ostküste bis nach Louisiana hinunter verteilten (in Louisiana leben noch heute Nachfahren – die Cajuns). Unter den Zwangsauswanderern aus Nova Scotia war ein Paar, welches an seinem Hochzeitstag getrennt wurde. Jahre später fand die Braut, die zur Nonne geworden war, ihren Ehemann - auf seinem Sterbebett. Diese wahre Geschichte inspirierte das epische Gedicht *Evangeline*, das der Region Nova Scotia ihren Beinamen gab. Viele Akadier kehrten später wieder nach Nova Scotia zurück, doch ist heute von den Küstenprovinzen nur New Brunswick zweisprachig.

Quebec - La Belle Province

Den französischstämmigen Einwohnern von Quebec blieb ein ähnliches Schicksal wie den Akadiern erspart. So ist Quebec bis heute eine französischsprachige Provinz Kanadas, die sich selbstbewusst *La Belle Province* nennt. Die Quebecer sagen auch *R.O.C.* (Rest of Canada), wenn sie das übrige Land meinen. Als der französische Präsident Charles de Gaulle im Juli 1967 die Provinz besuchte, jubelte er der Menge zu „*Vive le Québec libre*" („es lebe das freie Quebec").

British Columbia

British Columbia ist liberaler (was in Amerika so viel wie `linker´ bedeutet) als der Rest Kanadas, der wiederum eher liberalere Positionen einnimmt als das südliche Nachbarland. British Columbia wird deshalb auch als *Left Coast* bezeichnet oder auch als *British California*. Allerdings ist das Klima regenreicher als im US-Bundesstaat. British Columbia gilt deshalb auch als *Wet Coast*, Vancouver als *Hollywood North oder als Brollywood (regnerisches Hollywood),* wegen den chinesischen Zuwanderern auch als *Hongcover.*

Ontario

Für die Bewohner der Ostküste gilt die bevölkerungsreichste kanadische Provinz Ontario auch als *Onterrible.* Ontario selbst reicht weit nach Süden - bis auf italienische Breitengrade. Auf der Niagara-Halbinsel wächst sogar Wein. Sie gehört noch zum *Fruit Belt* (Obstgürtel) Nordamerikas. Im Südwesten Ontarios gibt es zudem einen *Tobacco Belt* (Tabakgürtel).

Mexiko-Stadt und El Defe

Da die Hauptstadt Mexikos so heißt wie das Land und in einem Bundesdistrikt liegt, sagen die Mexikaner, um Verwechslungen zu vermeiden, zur Hauptstadt oft einfach *El Defe*, eine abgekürzte Form von Distrito Federal (also DF). Die Hauptstadtbewohner werden auch Chilangos genannt. Die Hauptstadt wird deshalb auch, wenn Sprecher das missverständliche Mexiko-Stadt vermeiden wollen, informell Chilangolandia genannt.

San Luis Potosi und der Hund

Die Einwohner des mexikanischen Bundesstaat San Luis Potosi glauben, dieser habe die Form eines Hundes. Passender wäre es eigentlich, wenn dies auf den Bundesstaat Chihuahua zutreffen würde, nach welchem eine Hunderasse benannt ist.

Chihuahua - El Estado Grande

Doch Chihuahua hat keine besondere Form. Immerhin ist er mit 245 000 km^2 so groß wie das Vereinigte Königreich und der größte Bundesstaat Mexikos. Er hat deshalb den Beinamen *El Estado Grande* - der große Bundesstaat. Wegen seines wüstenhaften Klimas ist ein anderer Spitzname *Senora del Desierte* (‚Dame der Wüste'). Das Wüstenklima spüren auch die Mexikaner, die hier illegal über die Grenze in die USA einwandern. Etliche verdursten jedes Jahr beim Versuch. Weiter westlich müssen sie, um in die USA (bzw. nach Texas) zu kommen, den Rio Grande (in Mexiko Rio Bravo genannt) überqueren. Illegale mexikanische Einwanderer werden in den USA deshalb auch *wetbacks* (nasse Rücken) genannt.

Jalisco

Der Bundesstaat Jalisco wird auch *Heimat des Tequila* genannt (der Ort Tequila, nach welchem dieser Agavenschnaps benannt ist, liegt in Jalisco), seine Hauptstadt Guadalajara gilt als *Silicon Valley Mexikos*. Andere Beinamen für diesen wohl typischsten mexikanischen Bundesstaat sind *Land des Tequila, der Mariachi, der Machos und der schönen Frauen.*

Oaxaca - Land der sieben Moles

Der südliche Bundesstaat Oaxaca ist ethnisch vielfältig mit einem hohen Anteil indigener Bevölkerung. Dies schlägt sich in einer ebenfalls vielfältigen Küche nieder. Oaxaca wird wegen seiner kulinarischen Reize auch *Land der sieben Moles* (Soßen) genannt, darunter ist die Guacamole.

Tabasco - der Energiestaat

Mexiko ist mit einer Produktion von 95 Millionen Tonnen (2019) das zwölftgrößte Erdölförderland der Welt. Dazu tragen die Ölfelder vor der Küste des Bundesstaates Tabasco bei. Tabasco hat deshalb den Beinamen *State of Energy*, Energiebundesstaat.

Baja California Sur - das Aquarium der Welt

Dieser Bundesstaat liegt im südlichen Teil der Halbinsel Niederkalifornien und ist mit einer halben Million Einwohnern nur dünn besiedelt. In seinen fischreichen Küstengewässern halten sich oft Wale auf. Viele Touristen kommen zum *Whale watching* (Wale beobachten) hierher. Dies verhalf dem Bundesstaat zum Spitznamen *El acuario del Mundo* – das Aquarium der Welt.

5.5 Brasilien

Belindia

Im Jahr 1974 schuf der brasilianische Ökonom Edmar
Bacha einen Begriff, der die ökonomische Realität des
Landes wiedergeben sollte: *Belindia*. Brasilien als Kombination eines kleinen entwickelten Teils (Belgien) und
eines großen unterentwickelten Teils (Indien). Der französisch-brasilianische Soziologe Michael Löwy hat 1994
dafür auch den Begriff *Suissinde* geprägt (wenige Reiche
leben wie in der Schweiz, viele Arme wie in Indien).

São Paulo, die Lokomotive, die 26 Waggons zieht

Im Bundesstaat São Paulo (44 Millionen Einwohner)
wird ein Drittel des brasilianischen Bruttoinlandsproduktes erwirtschaftet. Man bezeichnet São Paulo deshalb
auch als *Lokomotive, die 26 Waggons* (die anderen
Bundesstaaten) *hinter sich herzieht.*
São Paulos gleichnamige Hauptstadt wird wegen ihres
regenreichen Hochlandklimas auch *Terra da Garoa,
Land des Nieselns* genannt.

Piaui - die Lederzivilisation

Der im Nordosten Brasiliens gelegene Bundesstaat Piaui
gilt als einer der ärmsten und am wenigsten entwickelten
des Landes. Von einem schmalen Küstenstreifen ausgehend erstreckt er sich wie ein Wurm ins Hinterland. Der
Bundesstaat exportiert vor allem landwirtschaftliche Erzeugnisse, darunter Leder. Er hat deshalb den Spitznamen
Lederzivilisation.

Acre - der unbekannte Bundesstaat

Acre im äußersten Westen Brasiliens gelegen ist ein
relativ abgelegener Bundesstaat mit weniger als 700 000

Einwohnern. Da kaum ein Brasilianer den Bundesstaat besucht hat und viele auch keinen kennen, der jemals dort war, gibt es die scherzhaft gesponnene Theorie, dass Acre wohl gar nicht existiert.

Santa Catarina - Europa in Brasilien

Santa Catarina ist von europäischen Einwanderern geprägt, darunter vielen deutschstämmigen. In manchen Städten erinnert Fachwerkarchitektur an Mitteleuropa. Kein Wunder, dass der Bundesstaat mit dem Slogan wirbt `Santa Catarina - das Europa Brasiliens'.

Rio Grande do Sul - das Texas Brasiliens

Rio Grande do Sul gilt als *Texas Brasiliens*. Die Rinderzucht spielt hier eine wichtige Rolle, die Einwohner nennen sich Gauchos. Wie die Texaner sind die brasilianischen Gauchos selbstbewusst. Viele Bewohner befürworten eine Abspaltung dieses Bundesstaates von Brasilien und die Gründung (mit den zwei anderen Südstaaten zusammen) eines eigenen, nach Uruguay und Argentinien orientierten Landes.

Minas Gerais - das wahre Brasilien

Als der den Charakter Brasiliens am besten widerspiegelnde Bundesstaat gilt der Bergbaustaat Minas Gerais (Minas Gerais bedeutet 'allgemeine Minen'), der deshalb den Beinamen *das wahre Brasilien* hat. Dazu tragen durch Goldsucher gegründete historische Städte bei, die auf der UNESCO-Liste des Welterbes stehen. Minas Gerais wird deshalb auch *Schatzkammer Brasiliens* genannt. Minas Gerais hat aber auch Modernes zu bieten. Um Santa Rita liegt die brasilianische High-Tech-Region *Telecom Valley*.

Salta la linda

Salta im Nordosten Argentiniens am Rande der Anden gelegen hat seine spanische Kolonialarchitektur gut bewahrt und gilt als eine der schönsten Städte des Landes. Deshalb wird sie auch *Salta la linda* (*Salta die Schöne)*, genannt. Oft wird dieser Beiname auch auf die gleichnamige Provinz angewandt, denn diese hat nicht nur eine schöne Hauptstadt, sondern auch eine reizvolle Berglandschaft.

Tucuman - der Garten der Republik

Unweit von Salta liegt die Provinz Tucuman. Diese ist ein wichtiges Zentrum landwirtschaftlicher Produktion und wird deshalb auch *El Jardin de la Republica*, der Garten der Republik, genannt.

Cordoba - das Herz Argentiniens

Cordoba ist mit 1.5 Millionen Einwohnern die zweitgrößte Stadt Argentiniens und deutschen Fußballfans durch die Niederlage gegen Österreich in der Fußball-WM 1978 schmerzlich in Erinnerung. Sie ist Hauptstadt der gleichnamigen Provinz Cordoba, die wegen ihrer Lage unweit des geographischen Zentrums des Landes auch *El Corazon de Argentina*, das *Herz Argentiniens*, genannt wird. ☞: die an Cordoba anschließende Pampa wird übrigens auch *‚größte Viehweide der Welt‘* genannt.

Mendoza - Heimat des Aconcagua

In der Andenprovinz Mendoza liegt mit dem 6960 Meter hohen Aconcagua der höchste Gipfel Amerikas. Die Bewohner der Provinz sind stolz auf diese Tatsache und nennen diese deshalb auch *Hogar de Aconcagua*, Heimat des Aconcagua.

Dominikanische Republik

Die Dominikanische Republik hat 31 Provinzen und jede hat einen mehr oder weniger offiziellen Beinamen. Vielleicht liegt der Beinamenreichtum am US-Einfluss, etwa eine Million Dominikaner leben in den USA, mehr als 10 % der Bevölkerung also.

Die Provinz San Pedro de Macoris wird auch *Heimat der Sportler* genannt. Sie ist die dominikanische Baseball-Hochburg (Baseball hat im Land den Status eines Nationalsports). Viele Spieler der US-Baseballliga kommen aus dieser Provinz, darunter der Baseballstar Sammy Sosa.

Die Provinz Hermanas Mirabel wird auch *Provinz der Rechte der Frauen* genannt. Ursprünglich hieß die Provinz Salcedo. Im November 2007 nannte sie Präsident Fernandez jedoch nach den Mirabel-Schwestern (hermana = Schwester) um. Die Mirabel-Schwestern kamen aus einer dominikanischen Oberschichtsfamilie, die ihr Vermögen verlor, als der Diktator Rafael Trujillo an die Macht kam. Dies war einer der Gründe, weshalb die Schwestern die Diktatur bekämpften, ein anderer der Kampf für Bürgerrechte. Nach mehrmaligen Gefängnisaufenthalten und Folter wurden drei der vier Schwestern im Jahre 1960 von Trujillos Schergen in einem Zuckerrohrfeld hingerichtet. Die vierte Schwester kümmert sich noch heute um das Museum, welches als Andenken an die Schwestern eingerichtet wurde.

Auch der Name der Provinz Maria Trinidad Sanchez, *Provinz der Frau* genannt, erinnert an eine weibliche Heldin. Maria Trinidad Sanchez war eine Soldatin, die in den Unabhängigkeitskriegen kämpfte. Sie wurde dafür ins Gefängnis gesteckt und später hingerichtet.

Kolumbien

Kolumbien ist ein rohstoffreiches Land. In Bezug auf die Steinkohleproduktion steht es weltweit an zehnter Stelle und mit 45 Millionen Tonnen pro Jahr fördert es mehr Erdöl als das OPEC-Mitglied Ecuador. Zur Ölproduktion trägt vor allem die an der Grenze zu Venezuela gelegene Region Arauca bei. Arauca trägt deshalb den Spitznamen *Saudi Arauca*.

Eine wichtige Industrieprovinz Kolumbiens ist dagegen Antioquia. Seine Hauptstadt Medellin liegt 1500 über dem Meeresspiegel. Antioquia wird wegen des milden Klimas seines Zentralraums auch *Land des ewigen Frühlings* genannt.

Das Texas und das Athen Kubas

Die rinderreiche, zentral gelegene Provinz Camagüey galt seit etwa 1900 bis zur Revolution als *Texas Kubas*. Als die Revolutionäre Fidel Castros (*1926) das Land übernahmen, ließen sie etliche Rinder schlachten, um zu zeigen, dass man es jetzt guthätte und sich Fleisch leisten könne. Doch der Rinderbestand wurde zu sehr dezimiert und bald wurde das Fleisch auf der Insel knapp.

Ein *Athen Kubas* (Las Atenas de Cuba) gibt es ebenfalls - die Provinz Matanzas, die wegen der vielen dort geborenen Dichter so genannt wird, darunter der Nationalpoet Carilda Oliver Labra (*1924).

Und schließlich gibt es noch eine Großmutterprovinz, Granma im Süden der Insel. Diese wurden nach der Yacht *Granma* benannt, mit der Fidel Castro, Che Guevara und 82 Revolutionäre im Jahre 1956 auf der Insel landeten. Die *Granma* hatten sie in Mexiko von einem Amerikaner für 15 000 Dollar abgekauft. Dieser hatte sie nach seiner Großmutter benannt und die Grandmother verlieh damit nicht nur der Yacht, sondern auch einer kubanischen Provinz ihren Namen.

6. Afrika

<u>6.1 Nigeria</u>

Nigerias wachsende Zahl von Bundesstaaten

Nigeria ist mit über 200 Millionen Einwohnern der Bevölkerungszahl nach das größte Land Afrikas. Nigeria ist ein Bundesstaat und hat 1960 die Unabhängigkeit erreicht. Seither ist die Zahl der Bundesstaaten laufend gestiegen. 1960 gab es erst drei Regionen: Northern, Western und Eastern. Im Jahr 1967 wurden die drei Regionen durch 12 Bundesstaaten ersetzt. Im Jahre 1976 wurden noch mal 7 neue Staaten geschaffen, insgesamt waren es damit 19. Dazu kam das Bundesterritorium mit der neuen Hauptstadt Abuja. 1987 kamen durch Teilung bestehender Bundesstaaten 2 dazu, 1991 9 und im Jahr 1996 6 weitere. Damit gibt es heute in Nigeria 36 Bundesstaaten, plus das Bundesterritorium.

Biafra

Im Jahr 1967 erklärte sich der vom Stamm der Ibo bewohnte Südosten Nigerias (während der Norden Nigerias muslimisch ist, sind die Ibo katholische Christen) unter dem Namen Biafra mit der Hauptstadt Enugu für unabhängig. Biafra bestand bis 1970, als es nach verlorenem Krieg wieder in Nigeria eingegliedert wurde. Wegen der durch den Bürgerkrieg 1967-1969 ausgelösten Hungersnot wurde es bald zum Inbegriff afrikanischen Elends.

Beinamen nigerianischer Bundesstaaten

Wie in den USA haben in Nigeria alle Bundesstaaten offizielle Beinamen. Allerdings wirken angesichts der heutigen afrikanischen Realität viele der Beinamen reichlich optimistisch.

Der relativ arme Bundesstaat Cross River wird beispielsweise `The People's Paradise' genannt, der Bundesstaat
Ekiti wegen zweier technischer Hochschulen `Fountain
of Knowledge', der Staat Lagos mit seiner gleichnamigen
chaotischen Metropole `Centre of Excellence'.

Das Salz der Nation

Einige nigerianische Bundesstaaten haben Beinamen, die
auf ihre Bodenschätze hinweisen.
Ebonyi hat Salzseen und wird deshalb *Salt of the Nation*
genannt, während es in Enugu (Coal City State) Steinkohle gibt. Nasarawa wird wegen Salz- und Bauxit-
vorkommen *Home of Solid Minerals* genannt.

Der Sitz des Kalifats

Der Norden Nigerias ist stark islamisch geprägt. Hier gab
es noch im 19. Jahrhundert mächtige islamische Stadtstaaten wie Kano und Sokoto. Das Kalifat von Sokoto be-
herrschte einst sogar den ganzen Nordwesten des Landes.
Der Kalif bzw. Sultan von Sokoto gilt heute noch als
spiritueller Führer der Muslime Nigerias.
Der Bundesstaat Sokoto hat deshalb den Beinamen `Seat
of the Caliphate'.

Der Schrittmacher Nigerias

Ibadan, die Hauptstadt des Bundesstaates Oyo, war um
1960 noch die größte Stadt Nigerias und die drittgrößte
Afrikas. Ibadan hatte die erste Universität des Landes und
mit dem *Cocoa Building* das erste Hochhaus im tropischen Afrika. Auch wurde in Ibadan der erste Fernseh-
sender Schwarzafrikas eingerichtet. Wegen seiner Hauptstadt wird Oyo auch als *Pace Setter State*, als Schritt-
macher-Bundesstaat bezeichnet.

Bis zum Ende der Apartheid im Jahr 1994 war Südafrika in die 4 Provinzen Kapprovinz, Natal, Oranjefreistaat und Transvaal gegliedert. Dazu kamen noch Bantustans, euphemistisch *Homelands* genannte Gebiete wie die Transkei oder die Ciskei (nach ihrer Lage diesseits und jenseits des Flusses Kei benannt), durch die überwiegend schwarze Bevölkerung aus dem Gemeinschaftsstaat ausgegliedert wurde. 1994 wurde Südafrika räumlich neu geordnet und die 4 ehemaligen Provinzen und die Bantustans in 9 neue integrierte Provinzen gegliedert. Aus der flächenmäßig sehr großen Kapprovinz wurden 3 Provinzen: Northern Cape, Western Cape und Eastern Cape. Natal wurde mit den angrenzenden Bantustans zu Natal-Kwazulu. Der Oranjefreistaat wurde zum Freestate. Transvaal wurde in die vier Provinzen Gauteng (Raum Johannesburg), North-West, Mpumalanga und Limpopo aufgeteilt.

Die ethnische Vielfalt Südafrikas (Schwarzafrikaner, Europäer, Mischlinge, Inder, 9 Amtssprachen) haben diesem Land in den 90er Jahren zum Beinamen *Rainbow Nation* verholfen. Im Jahre 2000 beschloss der Stadtrat der Hauptstadt Pretoria, diese in Tshwane, was ΄wir sind alle gleich΄ bedeutet, umzubenennen. Nach Protesten der Einwohner heißt die Stadt jedoch noch heute offiziell Pretoria.

Südafrika ist von Schweizen durchsetzt oder umgeben. Sowohl Lesotho als auch Swaziland werden wegen ihrer Topografie als *Schweiz Afrikas* bezeichnet. In Lesotho gibt es sogar einen Skilift. Auch das Nachbarland Botswana gilt als Schweiz Afrikas, jedoch weniger wegen seiner Topografie als vielmehr wegen seines Wohlstandes und des gut organisierten Staatswesens.

Natal - the last outpost of the British Empire

Die nach dem portugiesischen Wort für Weihnacht benannte Provinz Natal (heute Natal-Kwazulu) wurde wegen ihrer britisch-kolonialen Atmosphäre einst auch `Last Outpost of the British Empire' (*der letzte Außenposten des Britischen Weltreichs)*, genannt. Die Flagge der Region zeigte den Union Jack im linken oberen Eck. Heute wird der Ausdruck eher mit Augenzwinkern gebraucht. Der südafrikanische Autor Graham Linscott gab einem Buch mit Anekdoten und Kurzgeschichten zu Natal den Titel `The Last Outpost'.

The Texas of South Africa

Die Provinz North-West (3.5 Millionen Einwohner) hat keinen Spitznamen. Doch die Region Bophirima in dieser Provinz wird wegen ihrer weiträumigen Weideflächen auch *Texas Südafrikas* genannt. In der Provinz liegt die Vergnügungsstadt Sun City (täglich über 20 000 Besucher), auch *Las Vegas of South Africa* genannt.

Mpumalanga - Sonnenaufgang und Ende der Welt

Der Name der nordöstlichen Provinz Mpumalanga (4 Millionen Einwohner) kommt aus der Zulusprache und bedeutet `*Ort wo die Sonne aufgeht'*. In den Drakensbergen in der Provinz liegt ein Canyon, der zwei interessant benannte Aussichtspunkte hat *God's Window* (Gottes Fenster) und *World's End (Ende der Welt)*.

Gauteng - Gangster's Paradise

Johannesburg (Spitzname Egoli, Goldstadt) gilt als eine der gefährlichsten Städte der Welt. Pro Jahr werden hier etwa 1000 Menschen ermordet, mehr als zehnmal so viel wie in vergleichbaren Metropolen. Zudem werden pro Jahr etwa 15000 Einbrüche und 8000 Überfälle registriert. Kein Wunder, dass sich die Wohlhabenden in *gated communities* verbarrikadieren. Die Provinz Gauteng (8 Millionen Einwohner), in welcher Johannesburg liegt, wird wegen der hohen Kriminalitätsrate von der Bevölkerung auch *Gangster's paradise* genannt. Sicherer ist die Provinz Free State, auch *Platteland* genannt.

Westkap - the Fairest Cape

Die Gegend um Kapstadt in der Provinz Western Cape wird auch Fairest Cape (Wunderschöne Landspitze) genannt (fair heißt allerdings auch hell und der Anteil europäischstämmiger Bevölkerung ist denn auch im Westkap recht hoch). Dieser Begriff tauchte schon in verschiedenen Zusammenhängen auf. 1980 nannte sich eine Umweltschutzinitiative *The Fairest Cape Association*, 1995 gab sich ein Qualitäts-Weingut den Namen Fairest Cape, 2008 nutzte ein Buchtitel den Ausdruck. Auch eine orange-gelbe Rosensorte mit dem Namen *Fairest Cape* gibt es mittlerweile.

Limpopo - the Great North

Limpopo, einst Nord-Transvaal genannt, ist die nördlichste Provinz Südafrikas. Ihren Namen hat sie vom Limpopo (von den Buren Krokodilfluss genannt), dem Grenzfluss zu Botswana und Simbabwe.
Wegen ihrer geographischen Lage wird die Provinz in Südafrika auch *the Great North* genannt, eine andere Bezeichnung ist *South Africa's No man's land*.

Transkei und Ciskei

In der östlichen Kapprovinz (Eastern Cape) gibt es eine Region namens Transkei, die so heißt, weil sie jenseits des Flusses Kei liegt. Von 1963-1994 war die Transkei ein Bantustan (Homeland) und damals gab es auf der anderen Flussseite ein weiteres Homeland: die Ciskei.

6.3 Andere afrikanische Länder

Somalia und Somaliland

Somalia gilt als *failed state*, welcher seit dem Bürgerkrieg über keine funktionierende Zentralregierung mehr verfügt. Weitgehend unbeachtet von der Weltöffentlichkeit hat sich aber in Somalia ein relativ stabil regiertes Teilterritorium herausgebildet, das nach Unabhängigkeit strebende Somaliland. Somaliland besteht aus dem einstigen Britisch-Somaliland, das 1960 mit Italienisch-Somaliland zu Somalia vereinigt wurde. Das neu entstandene Somalia ist eines der wenigen Länder Afrikas, das ethnisch und sprachlich homogen ist (Somalier machen über 99 % der Bevölkerung aus).

Der Auflösungsprozess des Landes hat jedoch Somaliland mit der international unbekannten Hauptstadt Hargeysa in seinen Unabhängigkeitsbestrebungen gestärkt.

Mit Puntland, welches im Osten an Somaliland grenzt, besteht in Somalia eine weitere Teilregion, die nach Unabhängigkeit strebt.

Äthiopien

Äthiopien ist ein multiethnischer Bundesstaat mit christlicher und muslimischer Bevölkerung. Obwohl das Land verglichen mit Somalia recht sicher ist, gibt es dennoch Regionen, die Touristen vermeiden sollten. Dazu gehört das nordwestliche Grenzgebiet zu Eritrea, tigray, welches auch *Land des Todes* genannt wird.

Äthiopien gilt seit dem Fund des 3 Millionen Jahre alten Frühmenschenskeletts Lucy im Jahr 1974 als *Wiege der Menschheit*. Einst war es auch eine *Kornkammer Afrikas*, heute wird es eher als Armenhaus gesehen. Als *Kornkammer Äthiopiens* gilt das Hochland westlich von Addis Abeba.

7. Asien

7.1 China

Chinas Regionsnamen

<table>
<tr><td></td><td>Nord
Bei</td><td></td></tr>
<tr><td>West
Xi</td><td>Mitte
Zhong</td><td>Ost
Dong</td></tr>
<tr><td></td><td>Süd
Nan</td><td></td></tr>
</table>

Die Namen chinesischer Provinzen stellen oft einfache Zusammensetzungen zweier geographischer Begriffe dar. Oft ist eine Himmelsrichtung einbezogen. Bei ist dabei der Norden, Nan der Süden, Xi der Westen und Dong der Osten. Wichtige Begriffe sind zudem Shan (Berg), He (Fluss), Hai (Meer), Hu (See) und Guang (Gebiet). Der Inselname Hainan bedeutet also übersetzt *Meer des Südens*, der Provinzname Shandong *östlich der Berge* und Hebei *nördlich des Flusses*.

Hainan - das Hawaii Chinas

Die im Südchinesischen Meer gelegene Insel Hainan gilt wegen ihres tropischen Klimas als das *Hawaii Chinas*. Die mehr als 1000 km südlich gelegenen Spratly-Inseln werden von den Chinesen als Teil der Provinz Hainan beansprucht. Allerdings erheben auch Vietnam, die Philippinen und Indonesien Anspruch auf diese Inseln. Hainan war eine der ersten Sonderwirtschaftszonen, die Deng Xiaoping einrichten ließ. Heute kann Hainan auch als *Florida Chinas* gelten, denn es wurde wegen seiner äquatornahen Lage zu einer Abschussbasis für Satelliten ausgebaut.

Sichuan – das Texas von China

Die fruchtbare in einem Kessel gelegene Provinz Sichuan wird auch als *Texas von China* bezeichnet. Gründe dafür sind die Lage der Provinz im Südwesten Chinas, die Größe, die Bedeutung der Landwirtschaft, die fossilen Energien und die würzige Küche der Provinz. Wegen der ertragreichen Landwirtschaft wird Sichuan auch *Provinz der Fülle* und *Kornkammer Chinas* genannt.

Fujian - der Garten am Meer

Fujian gilt wegen seiner Lage und Vegetation als `Garten am Meer´. Der Name der Provinz ist eine Kombination des Namens seiner Hauptstadt Fuzhou und der Stadt Jianzou. Vor der Küste Fujians liegen die heute zu Taiwan gehörenden Inselgruppen Quemoy und Matsu. Diese werden in Taiwan als Provinz `Fujian´ verwaltet. Die Republik China besteht somit aus Teilen zweier chinesischer Provinzen: Taiwan und Fujian.

Das deutsche Wort Tee leitet sich aus der Fujian-Dialektvariante ab. In Nordchina sagt man Cha und die Länder, die den Tee auf dem Landweg aus China bezogen, übernahmen dieses Wort (meist als tschai), so die Russen, Türken, Inder und Araber.

Viele Überseechinesen stammen ursprünglich aus Fujian. Allein in den letzten Jahrzehnten des 19. Jahrhunderts wurden über 1 Million Chinesen als Kulis nach Südostasien verfrachtet.

Sinkiang - Chinas Wilder Westen

Sinkiang wird auch als *Chinas Wilder Westen* bezeichnet. Einige Gemeinsamkeiten mit dem Wilden Westen Amerikas gibt es: das Gebiet ist rohstoffreich und dünn besiedelt, trocken und die traditionelle (uigurische) Bevölkerung ist eher nomadisch orientiert. Gleichzeitig entwickelt sich das Gebiet durch Kolonisten (Han-Chinesen) aus dem Osten rasch und wird sinisiert.

PRD und die Fabrik der Welt

Der Raum, der sich nach der von Deng Xiaoping Ende der siebziger Jahre eingeleiteten wirtschaftlichen Liberalisierung am schnellsten entwickelte, war das Perlflussdelta, das *Pearl River Delta*, auch *PRD* abgekürzt. Hier finden sich die ehemaligen Kolonien Hongkong und Macau sowie die Stadt Kanton (Guangzhou). Kanton liegt in der Provinz Guangdong und diese entwickelte sich seit den 1980er Jahren zur ʿFabrik der Weltʿ. Seit Shanghai zur Sonderwirtschaftszone erklärt wurde, wächst jedoch der zugehörige Ballungsraum noch schneller, und das *Yangtse River Delta* (YRD) macht heute dem *Pearl River Delta* (PRD) Konkurrenz.

Mandschurei - das Ruhrgebiet Chinas

Weniger stark war das Wachstum in den letzten Jahrzehnten dagegen in der von Schwerindustrie geprägten Mandschurei - dem *Ruhrgebiet Chinas*.

Qinghai - das Sibirien Chinas

Die weitgehend auf einem historisch zu Tibet gehörenden Hochplateau gelegene Provinz Qinghai wird auch *Sibirien Chinas* genannt, weil viele Strafgefangene hierher verbannt wurden. 10 % der Bevölkerung Qinghais sollen Abkömmlinge von Sträflingen sein.

Das Land der acht Inseln

Ein alter Name für Japan ist *Oyashima*, `Land der acht Inseln´. Interessanterweise gehört Hokkaido, die im Norden gelegene zweitgrößte Insel des Archipels, nicht zu diesen acht Inseln. Denn in Hokkaido lebten ursprünglich die Ainu. Die Japaner hatten lange nur im Süden der Insel einen Brückenkopf und besiedelten die ganze Insel erst im 19. Jahrhundert, um der Expansion Russlands in Ostasien Einhalt zu gebieten. Für die Entwicklung der Landwirtschaft auf Hokkaido nahmen die Japaner, die mit dem rauen Klima nicht vertraut waren, sogar amerikanische Hilfe in Anspruch.

Honshu - das Festland

Honshu ist die größte japanische Insel: Sie umfasst 60 % der Fläche des Landes und 80 % der Einwohner (etwa 100 Millionen Japaner leben auf Honshu). Obwohl Insel, wird Honshu (wörtlich Hauptland) auch als *mainland* bezeichnet, als japanisches Festland also.

Shikoku und Kyushu

Shikoku ist die kleinste der 4 japanischen Hauptinseln. Der Inselname bedeutet *vier Länder*. Die Insel ist seit langer Zeit in 4 Provinzen eingeteilt, heute gibt es dort 4 Präfekturen. Kyushu hieß einst Kyokoku, 9 Länder also. Heute gliedert sie sich allerdings in nur 8 Präfekturen.

Hashima - die Geisterinsel

Wegen der Inselform wird Hashima („Grenzinsel‘) auch *Schlachtschiffinsel* genannt. Ein anderer Beiname für die vor Nagasaki gelegene Insel ist seit Stillegung des Kohlebergbaus 1974 *Geisterinsel.*

Apayao (Philippinen) und das Profil des Diktators

Im Norden der philippinischen Hauptinsel Luzon liegt die 3900 km² große Provinz Apayao. Bis 1995 bildete sie zusammen mit Kalinga eine gemeinsame Provinz. Der Umriss der Provinz ähnelt dem Profil eines Gesichtes. Es gibt das Gerücht, dass der Diktator Ferdinand Marcos (1912-1989), 1965-1986 Präsident der Philippinen, die Grenzen der Provinz schrittweise so abändern ließ, dass der Umriss seinem eigenen Profil glich, welches in Richtung seiner Heimatprovinz Ilocos Norte schaut. Mit der Abtrennung von Kalinga fehlt dieser virtuellen Büste heute allerdings der Brust- und Sockelbereich.

Davao - Silicon Gulf

In der Stadt Davao auf der philippinischen Insel Mindanao und in ihrem Umland sind in den letzten Jahren immer mehr Informationstechnologiefirmen entstanden. Stadt und Region haben sich deshalb den Beinamen *Silicon Gulf* gegeben.

Masbate - der Wilde Westen der Philippinen

Die Provinz Masbate liegt sehr zentral im philippinischen Inselarchipel. Dennoch ist ihr Beiname *Wilder Westen der Philippinen*. Dies liegt jedoch weniger an der geographischen Lage, sondern an politisch motivierten Auftragsmorden, die in den letzten Jahren in der Provinz verübt worden sind.

Luzviminda und die Regionsakronyme

Auf den Philippinen werden aus Provinzclustern oft Regionsakronyme kreiert. Die Provinzen Luzon, Visayas und Mindanao bilden so etwa die Region Luzviminda.

7.4 Übriges Ostasien

Penang - Silicon Valley of the East

Der malaysische Bundesstaat Penang, der aus einer Insel und einem Küstenstreifen besteht, wird auch als *Silicon Valley of the East* bezeichnet. Hier betreiben *AMD* und *Osram Opto Semiconductors* Chipfabriken.

Multimedia Super Corridor

Ein zweiter, allerdings staatlich geplanter High-Tech-Raum in Malaysia ist der sich von der Innenstadt von Kuala Lumpur zum Flughafen erstreckende *Multimedia Super Corridor*. Zu diesem Korridor gehören die neuen Städte *Cyberjaya*, ein Bildungszentrum und *Putrjaya*, ein administratives Zentrum.

Die 77. Provinz

Thailand hat 76 Provinzen, aber es gibt Überlegungen, eine 77. Provinz einzurichten. Die *Thai town* von Los Angeles wird bereits heute *Province 77* genannt. Dies ist auch der Titel eines Spielfilms, welcher im Thaimilieu von Los Angeles spielte.

Der Balkon Mekkas

Die auf der Nordwestspitze Sumatras gelegene indonesische Provinz Aceh wurde wegen ihrer West-Lage früher als andere Regionen des Landes islamisiert, vermutlich bereits im 8. Jahrhundert. Der Islam ist hier fester etabliert und konservativer ausgeprägt als in anderen Landesteilen. Aceh wird deshalb auch als Serambi Mecca, als *Balkon Mekkas* bezeichnet. Im Jahr 2005 wurde in dieser nach Unabhängigkeit strebenden Region die Scharia, die islamische Rechtsprechung, eingeführt.

Die indischen Bundesstaaten

Indien hat heute 28 Bundesstaaten und 7 Bundes-territorien. Seit 1947 ist die Zahl dieser administrativen Einheiten mehrmals gestiegen. So wurde 1960 der Staat Bombay entlang von Sprachgrenzen in die Bundesstaaten Gujarat und Maharashtra (wo Maharahstri gesprochen wird) aufgeteilt. 1966 wurde der Punjab aufgespalten. 1975 wurde das Königreich Sikkim, dessen Bevölkerung sich in einer Volksabstimmung im Jahre 1947 gegen einen Anschluss an Indien ausgesprochen hatte, nach einem neuen Referendum mit proindischem Ausgang zu einem indischen Bundesstaat. Im Jahr 2000 wurde aus dem Südteil Bihars der Bundesstaat Jahrkhand, aus dem Ostteil von Madhya Pradesh Chhattiasgarh und aus dem Nordteil von Uttar Pradesh Uttarakhand. Damit wurden die wenig entwickelten *BIMARU-Staaten* verkleinert.

BIMARU

1987 prägte der indische Demograph Ashish Bose für die bevölkerungsreichen nördlichen Bundesstaaten Bihar, Madhya Pradesh, Rajasthan und Uttar Pradesh das Akronym BIMARU. Das Akronym spielt auf *bimar* an, was auf auf Hindi krank bedeutet. Diese Bundesstaaten gehören zum *Hindi Belt*, sind hindisprachig und durch rigides hinduistisches Kastensystem gekennzeichnet (hier leben allerdings auch etliche, ebenfalls konservative Muslime). Weitere Kennzeichen sind das niedrige Bil-dungsniveau der Bevölkerung, besonders der Frauen, fehlende Gleichberechtigung und hohe Geburtenraten. Das Bevölkerungswachstum in diesen dicht besiedelten Bundesstaaten (insgesamt 450 Millionen Einwohner) ist deshalb, anders als in Südindien, wo die Fruchtbarkeit bereits auf Bestandserhaltungsniveau liegt, relativ hoch.

Bihar - das Armenhaus

Besonders der Bundesstaat Bihar (100 Millionen Einwohner) gilt als das *Armenhaus Indiens*. Hier leben fats 90% der Bevölkerung auf dem Land und ein Drittel der Bevölkerung und die Hälfte aller Frauen sind Analphabeten. In Bihar findet sich übrigens der Ort Bodh Gaya, in welchem Buddha die Erleuchtung erlangte.

Gujarat - das Wirtschaftswunder

Zu den wirtschaftlich dynamischsten indischen Bundesstaaten zählt Gujarat. Gujarat (63 Millionen Einwohner) erwirtschaftet mit einem Bevölkerungsanteil von weniger als 5 Prozent 20 % der Industrieproduktion Indiens, 25 % der Textilproduktion, 40 % der pharmazeutischen Erzeugnisse und 20 % der Exporte des Landes. Gujarat hat deshalb den Beinamen `das Wirtschaftswunder´.
Mahatma Gandhi wurde in der Stadt Porbandar in Gujarat geboren. Ihm zu Ehren erhielt die neu angelegte Hauptstadt Gujarats den Namen *Gandhinagar*. Als der Konzern Tata in Westbengalen eine Autofabrik für das Kleinauto Nano eröffnen wollte, protestierten die Einwohner. Schließlich zog Tata ins wirtschaftsfreundliche Gujarat um.

Maharashtra - the Economic powerhouse of India

In Indien gilt der Bundesstaat Maharashtra und vor allem dessen Hauptstadt Bombay (Mumbai) als wirtschaftliches Kraftzentrum (economic powerhouse). 20 % des indischen Bruttoinlandsproduktes werden in Maharashtra erwirtschaftet und 30 % der indischen Exporte stammen aus diesem Bundesstaat, in welchem mit 130 Millionen Einwohnern 10 % der indischen Bevölkerung leben.
Die Konzentration von Filmproduktion in seiner Hauptstadt Bombay (Mumbai) wird auch als *Bollywood* bezeichnet.

Karnataka und das Silicon Valley auf dem Plateau

Der südindische Bundesstaat Karnataka hat keinen speziellen Beinamen. Seine Hauptstadt Bangalore kann dagegen mit mehreren Beinamen aufwarten: Sie gilt als *Silicon Valley Indiens*, wird wegen ihrer Lage auf einem Hochplateau auch als *Silicon Plateau* bezeichnet und gilt zudem als *Call Center der Welt*.

Der Norden Karnatakas ist dagegen ländlicher und leidet unter Trockenheit, er wird als *sandbox* (Sandkasten) bezeichnet. Die Kodagu Region im südlichen Hochland Karnatakas ist dagegen tropisch feucht, sie wird auch *Schottland Indiens* genannt.

Kerala - God´s Own Country

Der im Südwesten Indiens gelegene Küstenstaat Kerala mit seiner tropisch üppigen Vegetation, seinen weißen Stränden und seinen Hügeln, wird auch God´s Own Country genannt (Gottes eigenes Land). Die Zeitschrift *National Geographic Traveler* stufte Kerala sogar als `One of 10 paradises of the world´ ein.

Madhya Pradesh - the tiger state

Der zentralindische Bundesstaat Madhya Pradesh wird auch Tigerstaat genannt. Dies ist nicht wirtschaftlich gemeint, sondern bezieht sich auf die Tigerpopulation in Madhya Pradesh. In keinem anderen Land gibt es so viele Tiger wie in Indien und kein anderer indischer Bundesstaat hat so viele der großen Raubkatzen wie Madhya Pradesh, wo 800 Tiger gezählt werden.

Andhra Pradesh - die Reisschale Indiens

Andhra Pradesh ist mit seinem feuchten Monsunklima und seinen Tieflandflächen ein wichtiges Reisanbaugebiet Indiens. Andhra Pradesh hat deshalb den Beinamen

Rice Bowl (oder *Rice Granary*) *of India* (Reisschale Indiens). Eine neuere, vom Tourismusamt propagierte Bezeichnung ist *Kohinoor Indiens*. Kohinoor ist ein berühmter Diamant, der aus Andhra Pradesh stammt und heute Teil der britischen Kronjuwelen ist.

Rajasthan - the Land of Princes

Rajasthan bedeutet wörtlich `Land der Könige´. Der Bundesstaat wird jedoch auch `Land of Princes, Gypsies and Tribals´ genannt. Rajasthan bestand lange aus kleinen Prinzenreichen, die von hinduistischen Kriegern (Prinzen), so genannten Rajputs, regiert wurden.
Es wird überdies vermutet, dass die in Europa lebenden Sinti und Roma (Zigeuner) ursprünglich aus Rajasthan stammen. Neuere Genanalysen scheinen dies zu bestätigen. Im 13. Jahrhundert erreichten die ersten Zigeuner Europa. Da man glaubte, sie kämen aus Ägypten, wurden sie Egyptians genannt, wovon sich das englische Wort Gypsy ableitet. *Land of Tribals* leitet sich von den in Stämmen organisierten Völkern ab, die hier wie im benachbarten Pakistan (tribal areas) leben.

Der Punjab - die Kornkammer Indiens

Der indische Punjab (Punjab bedeutet `Land der fünf Flüsse´) gilt als die Kornkammer Indiens (*Granary of India, bread basket of India*). Der Bundesstaat hat einen Anteil von 20 % der Weizen- und 9 % der Reisproduktion Indiens. Nachdem im Jahre 1966 der hinduistisch besiedelte Süden zum Bundesstaat Haryana wurde und der Norden zu Himachal Pradesh kam, hat Punjab heute eine Sikh-Bevölkerungsmehrheit von 60%. Lange gab es blutige Auseinandersetzungen, da die Sikhs für mehr Autonomie kämpften. Manche Sikhs sähen den indischen Punjab gern als unabhängiges Land, *Khalistan* genannt.

Himachal Pradesh - Land of Gods

Der nordindische Bundesstaat Himachal Pradesh wird auch als *Land of Gods*, als *Land der Götter* bezeichnet. Hier gibt es viele buddhistische Klöster. Bei der Stadt Dharmshala hat der 14. Dalai Lama seinen Exilwohnsitz genommen. Zurzeit wird der Bundesstaat zur indischen *Nr. 1 in hydro power* (Wasserkraft) ausgebaut, fast alle Dörfer haben Elektrizität. Himachal Pradesh wird deshalb auch als *hydropower state* bezeichnet.

Assam - the Tea Capital of the World

Der ostindische Bundesstaat Assam gilt als Zentrum der Teeproduktion. Er hat den Beinamen *Tea Capital of the World* (Teekapitale der Welt). Innerhalb Assams gilt wiederum der Bezirk Jorhat als Teehauptstadt.

Uttarakhand - Land of Gods

Auch der im Jahre 2000 geschaffene Nachbarbundesstaat Uttarakhand wird als *Land of Gods* (oder *Adobe of Gods*) bezeichnet. Dies jedoch weniger wegen buddhistischer, sondern wegen hinduistischer Pilgerstätten.

Arunachal Pradesh - Land der aufgehenden Sonne

Der Bundesstaat Arunachal Pradesh liegt ganz im Osten Indiens. Er trägt deshalb den Beinamen *Land der aufgehenden Sonne*. Die nördlichen an China angrenzenden Gebiete des Bundesstaates werden von China beansprucht.

Die Sieben-Schwestern-Staaten

Die sieben Bundesstaaten im Osten Indiens sind nur über den schmalen Siliguri-Korridor, welcher auch *Chicken's Neck* genannt wird, mit dem übrigen Indien verbunden. Weil sie die geographische Lage verbindet, werden sie als *Seven Sister States* bezeichnet.

7.6 Afghanistan

Afghanistans Provinzen

Seit im Jahr 2004 die zwei neuen Provinzen Panjshir und Daykundi eingerichtet wurden, hat Afghanistan 34 Provinzen. 1960 gab es bereits eine bedeutende Revision der Provinzgrenzen, die darauf abzielte, den in Afghanistan politisch dominierenden Paschtunen (40% der Bevölkerung) in möglichst vielen Provinzen die Mehrheit zu sichern.

Von Kafiristan zu Nuristan

Die ostafghanische Provinz Nuristan hieß einst Kafiristan, Land der Ungläubigen. Denn erst um 1896 wurde die einer uralten polytheistischen Region anhängende Bevölkerung (zwangs)islamisiert. Seither ist sie nach dem persischen Wort für Licht benannt, welches die Bekehrung der Bevölkerung zum Islam ausdrücken soll. Weil viele Nuristani blaue Augen haben und europäisch aussehen, ist bereits spekuliert worden, ob dazu die Armee Alexanders des Großen, die um 327 vor Christus durch die Gegend zog, beigetragen haben könnte.
Manche vermuten auch, dass der Name der Provinz Kandahar sich von Alexander dem Großen (356-323 vor Christus) ableitet.

Helmand - von `Little America´ zu `Hell-land´

Die südafghanische Provinz Helmand kam bereits zu etlichen Beinamen. Einst galt Helmand als *Kornkammer Afghanistans*. Heute wird statt Getreide vielmehr Schlafmohn angebaut. 42% der Weltopiumproduktion kommen heute aus dieser Provinz. Der Süden Helmands ist allerdings sehr trocken und wird von Einheimischen als *Wüste des Todes* bezeichnet. Anfang der 1960er Jahre konzentrierten die Amerikaner ihre Entwicklungshilfe in

Afghanistan auf diese Provinz. Wegen der vielen US-Entwicklungshelfer wurde Helmand damals auch *Little America* genannt. Aufgrund vieler Anschläge nennen Alliierte Soldaten die Provinz heute auch *Hell-land*.

Kunar - Enemy Central

Die bergige Provinz Kunar im Osten Afghanistan bietet mit ihren Höhlen und Wäldern und der Grenzlage zu den Stammesgebieten Pakistans optimale Operationsbedingungen für die Taliban. Die Provinz wird von den Amerikanern deshalb auch *Enemy Central* genannt.

Laghman - Ostfriesland Afghanistans

Als die Ostfriesen Afghanistans gelten die Bewohner der Provinz Laghman und dies trotz überdurchschnittlichem Bildungsstand seiner Einwohner.

Herat und das `Dubai von Afghanistan´

Die westafghanische Provinz Herat hat heute trockenes Klima. Doch Herodot bezeichnete sie einst als *Kornkammer Zentralasiens*. Die gleichnamige Hauptstadt Herat, die nur wenig unter Terroranschlägen leidet (der nahe Iran wirkt hier stabilisierend), befand sich bis zur Talibanmachtübernahme in wirtschaftlichem Aufschwung und wurde wegen ihres Baubooms mit (bescheidenen) Bürohochhäusern *Dubai Afghanistans* genannt.

Kunduz - der Brotkorb Afghanistans

Die Agrarprovinz Kunduz, in welcher die Bundeswehr operiert, gilt als *Brotkorb Afghanistans*. Die Amerikaner sagen auch *hive*, Bienenstock. Zu Zeiten der sowjetischen Besatzung blieben viele Felder braun, denn Mudschaheddin hatten sich in den Bewässerungskanälen versteckt, weshalb diese von den Sowjets bombardiert wurden.

Hongkong on Ecstasy

Das Emirat Dubai mit seiner exaltierten Stadtentwicklung, wozu der höchste Wolkenkratzer der Welt gehört, wurde bereits als *Hong Kong on Ecstasy* bezeichnet. Mittlerweile ist Dubai selbst eine Bezeichnung für eine Boomtown geworden, die mit spektakulären Bauten nach Weltgeltung strebt. So wird das Steuerparadies Panama mit seinem Hochhausbauboom als Dubai Lateinamerikas bezeichnet. Gern wäre auch das strukturschwache Bremerhaven eine Art ‚Dubai an der Nordsee' (so ein *Spiegel*-Titel). Zumindest orientiert man sich dort am Hafen mit dem Atlantic Hotel Sail City ein wenig am spektakulären Burj Dubai Luxushotel.

Anatolische Tiger und Islamischer Calvinismus

Istanbul gilt als dominierendes Wirtschaftszentrum der Türkei. Neben der Hauptstadt Ankara gelten die Tourismuszentren an der Südküste als weitere Boomregionen. Doch in den letzten Jahren haben auch vorher wenig beachtete Städte im anatolischen Hinterland wirtschaftlich aufgeholt. Diese Städte werden mittlerweile als *anatolische Tiger* bezeichnet. Dazu gehören beispielsweise Denizli im Westen mit seiner Textilindustrie, die sich auf Handtücher und Bademäntel spezialisiert hat, Kayseri mit seiner Büromöbel- und Jeansproduktion (allein die Firma Orta Anadol produziert 1% aller Jeans weltweit) und schließlich Gaziantep im Südosten der Türkei, führend in der Produktion von Pistazien und maschinengewebten Teppichen. Der Aufschwung wird von hart arbeitenden und sparsamen, eher konservativ-religiösen Unternehmerpersönlichkeiten getragen. Diese Einstellungen werden in neuerer Zeit auch mit dem Begriff *islamischer Calvinismus* umschrieben.

8. Ozeanien

8.1 Australien

Western Australia - the Golden State

Wie Kalifornien nennt sich Westaustralien *Golden State*. Über 90 % der Eisenerzförderung des Landes stammen aus diesem Bergbaustaat, und ein großer Teil der australischen Goldförderung. Australien ist mit China nach Südafrika der zweitgrößte Goldförderer der Welt.
Ein großer Teil Westaustraliens besteht aus Sandwüste. Die Westaustralier haben im Land auch den Beinamen *Sandgroper* (Sandwühler).

Queensland - the Sunshine State

Während Westaustralien mit Kalifornien verglichen wird, gilt Queensland als das *Florida Australiens*. Wie der US-Bundesstaat wird Queensland (nach Queen Victoria benannt) als *Sunshine State* bezeichnet. Anders als in Florida werden in Queensland jedoch auch Bananen angebaut. Die Queenslander haben deshalb in Australien den Spitznamen *Banana Benders* (Bananenbieger).

Victoria - the Garden State

In den USA ist New Jersey der Garden State, in Australien trägt Victoria diesen Beinamen. Neuere, für Victoria kreierte Slogans sind *On the move* und `the place to be´. Die Bewohner von New South Wales mit seiner Hauptstadt Sydney nennen die Einwohner von Victoria auch `*Mexicans´*, weil sie ‚südlich der Grenze' leben. Denselben Ausdruck verwenden die Queenslander für die Einwohner von New South Wales.

South Australia - the Wine State

Mehr als die Hälfte der australischen Weinproduktion kommt aus dem Bundesstaat South Australia (Hauptstadt Adelaide). Südaustralien wird deshalb auch *Wine State* genannt. Die Landwirtschaft des Bundesstaates leidet heute allerdings auch an Trockenheit.
Im 19. Jahrhundert wurde die Landwirtschaft nach mehreren niederschlagsreichen Jahren in weniger regensicherere Gebiete ausgedehnt. Doch bald kam wieder eine Trockenphase und es hieß, etliche Landwirte konnten sich nur noch von Krähen ernähren. Deshalb haben die Bewohner von Südaustralien noch heute den Spitznamen *crow eaters* (Krähenfresser).

New South Wales

New South Wales wurde 1770 vom britischen Seefahrer James Cook entdeckt und war die erste britische Kolonie in Australien. Der Bundesstaat, in welchem über 40 % der Australier (mehr als 20 % allein in Sydney) leben, nennt sich deshalb *First State*. Die anderen Australier sind dem mächtigen Bundesstaat jedoch nicht immer freundlich gesonnen. So werden die Einwohner von New South Wales auch als *cockroaches* (Kakerlaken) bezeichnet.

Tasmania - the Apple Island

In Tasmanien mit seinem für australische Verhältnisse feuchtkühlen Klima werden viele Äpfel angebaut. Tasmanien hat deshalb den Spitznamen *Apple Isle* und die Tasmanier werden auch als *Apple Eaters* bezeichnet.
In Anspielung an das ebenfalls feucht-kühle Glasgow, wo die Glaswegians leben, werden die Tasmanier auch *Taswegians* genannt. Die Form der Insel Tasmanien erinnert manche übrigens an die Kopfform des dort lebenden hundeartigen Beutelteufels.

<u>Tabellenteil</u>

Begriffschöpfer konkreter Regionsbezeichnungen

Land	Jahr	Makroregion
H.L. Mencken (1880-1956)	1924	**Bible belt** (Südstaaten der USA)
Albert Plesman (1889-1953)	1938	**Randstad** (Niederlande)
Jean Gottmann (1915-1994)	1961	**Megalopolis** (Korridor Boston-Washington)
Ralph Vaerst (1927-2001)	1971	**Silicon Valley** (Tal bei San Francisco)
Arnaldo Bagnasco	1977	**Terza Italia** (Drittes Italien)
John Naisbitt (*1929)	1982	**Bellwether** (für trend-anzeigende US-Staaten)
Melchior Wathelet (*1949)	1985	**Wallifornie** (Wallonisch Brabant)
Ashish Bose (*1931)	1987	**BIMARU** (wenig entwick-elte Bundesstaaten in Indien)
Roger Brunet (*1931)	1989	**Blaue Banane** (Kernraum Westeuropas)
Peter Hemmersen (*1969), **Tom Nielsen** (*1970)	2004	**H-City** (die durch die Beltbrücke entstandene Großstruktur in Dänemark)

Die Schweiz als Landschaftsbeiname

Bundesland	Beiname
Bayern	Fränkische Schweiz, Haibacher Schweiz (bei Aschaffenburg), Hersbrucker Schweiz
Baden-Württemberg	Kleine Schweiz (b. Ebersbach a. der Fils), Neuffener Schweiz (Schwäb. Alb)
Brandenburg	Berliner Schweiz (Hügel bei Gosen), Bucksche Schweiz (bei Hohenbocka), Calauer Schweiz (bei Calau), Märkische Schweiz (Buckow), Ruppiner Schweiz
Hessen	Flörsheimer Schweiz (Taunusvorland) Hessische Schweiz (bei Eschwege) Nassauische Schweiz (bei Eppstein)
Mecklenburg-Vorpommern	Mecklenburgische Schweiz, Usedomer Schweiz, Rostocker Schweiz
NRW	Anholter Schweiz (bei Borken) Ascheloher Schweiz (Halle/Westf.) Bedburger Schweiz, Bergische Schweiz, Caller Schweiz (bei Meschede/Sauerl.), Dahler Schweiz (Volmetal bei Hagen), Dürener Schweiz, Elfringhauser Schweiz, Gütersloher Schweiz, Gohfelder Schweiz, Hinsbecker Schweiz (linker Niederrhein), Lippische Schweiz (bei Detmold), Nahmer Schweiz (bei Hagen), Oeynhausener Schweiz, Oldendorfer Schweiz Sonsbecker Schweiz (bei Xanten) Spradower Schweiz (Bünde) Wittgensteiner Schweiz (Bad Berleburg)
Hansestädte	Bremer Schweiz Eißendorfer Schweiz (HH-Harburg)
Thüringen	Badraer Schweiz (Südharz) Fehrenbacher Schweiz (Thüringer Wald), Rüdigsdorfer Schweiz Wiesentaler Schweiz, Suhler Schweiz

Bundesland	Beiname
Rheinland-Pfalz	Bernkasteler Schweiz, Bockenauer Schweiz (bei Bad Kreuznach) Briedeler Schweiz (an der Mosel) Kollesleuker Schweiz (Leukbachtal) Kroppacher Schweiz (Westerwald) Mehringer Schweiz (Mittelmosel) Rheinhessische Schweiz Schönecker Schweiz Strohner Schweiz (bei Daun/Eifel) Trarbacher Schweiz (Mittelmosel)
Niedersachsen	Borgloher Schweiz (bei Osnabrück) Clenzer Schweiz (Wendland) Dammer Schweiz (bei Oldenburg) Garbser Schweiz (Leinetal bei Hannover), Gifhorner Schweiz, Ischenröder Schweiz, Hoheescher Schweiz (Friedeburg), Honerdinger Schweiz (bei Walsrode), Horster Schweiz (Ostfriesland) Niedergrafschafter Schweiz (bei Uelsen) Rühler Schweiz (Weserbergland) Velpker Schweiz (östliches Niedersachsen)
Saarland	Saarländische Schweiz (Bergweiler)
Sachsen	Garsebacher Schweiz (bei Meißen) Hohburger Schweiz (Leipziger Bucht), Sächsische Schweiz Vogtländische Schweiz Wolkensteiner Schweiz (Erzgebirge)
Sachsen-Anhalt	Gniester Schweiz (bei Kemberg) Törtener Schweiz (Dessau)
Schleswig-Holstein	Dithmarscher Schweiz (bei Welmbüttel), Elder Schweiz (bei Elde) Holsteinische Schweiz Stormannsche Schweiz

Deutschland: Bundesländerbeinamen

Land	Beiname
Baden-Württemberg	Ländle, Land der Denker und Tüftler
Bayern	Freistaat, Zukunftsland
Berlin	Spreeathen, Spray-Athen Bundeshauptstadt, Partyhauptstadt
Brandenburg	Kleine DDR Ostdeutschlands (einst), Land der tausend Seen
Bremen	Kaffeerösterstadt, Kranker Mann an der Weser
Hamburg	(Deutschlands) Tor zur Welt, Medienmetropole, Hoch im Norden
Hessen	Mitte Deutschlands, Fachwerkland Verkehrsdrehscheibe,
Mecklenburg-Vorpommern	McPomm, Land der tausend Seen
Nordrhein-Westfalen	Bindestrichland, NRW
Niedersachsen	Land mit Weitblick, Pferdeland
Rheinland-Pfalz	Flugzeugträger der Nato Weinland-Pfalz
Saarland	Maßeinheit für Umweltkatastrophen Nano Valley, Saarmaika
Sachsen	Freistaat, Silicon Saxony (Region Dresden)
Sachsen-Anhalt	Rote Laterne, Schlusslicht
Schleswig-Holstein	Land zwischen den Meeren, Schläfrig-Holzbein
Thüringen	Die Denkfabrik, Freistaat, Das grüne Herz Deutschlands

<h1 align="center">Österreich: Bundesländerbeinamen</h1>

Land	Beiname
Burgenland	Land der Dörfer
Kärnten	Silicon Alps
Niederösterreich	Weinland, Vierviertelland, Pröllistan (zurzeit)
Oberösterreich	Mostland
Salzburg	Land des Salzes
Steiermark	Die grüne Steiermark
Tirol	Herz der Alpen
Vorarlberg	Ländle, Kanton Übrig, Gsiberg, Xiberg, Schwanzfeder des Kaiseradlers
Wien	Donaumetropole
10. Bundesland	Auslandsösterreicher, Neulandgewinnung nach dem 2. Weltkrieg, Südtirol

<h1 align="center">Schweiz: Kantonsbeinamen</h1>

Kanton	Beiname
Aargau	Rüebli-Kanton, Kulturkanton, Energiekanton, Nukleargau
Appenzell	Fünfliber im Kuhfladen
Glarus	Textilkanton, Zigerschlitz
Graubünden	Land der tausend Gipfel, Schweiz im Kleinen, Rätisch Kongo
Neuenburg	Uhrenkanton
Thurgau	Mostindien
Solothurn	Kanton der Regionen
St. Gallen	Kanton Baumgartner (1831-1864)
Tessin	Sonnenbalkon der Schweiz

Schweden: Regionen

Region	Beiname
Gästrikland	Tor zum Norden
Lappland	Land der Mitternachtssonne
Schonen	Kornkammer Dänemarks (einst), Kornkammer Schwedens
Smaland	Glasreich
Uppland	Schweden im Kleinen

Italien-Regionen

Region	Beiname
Abruzzen	Region der Naturparks (Regione dei Parchi)
Apulien	Kornkammer Italiens Gemüsegarten, Weinkeller Italiens Absatz des Stiefels Brücke nach Griechenland
Basilicata	Lukanien, Basilicata felix
Emilia-Romag.	Kornkammer Italiens
Friaul	Weingarten
Kalabrien	Gebirge zwischen den Meeren, Calafrica
Ligurien	Italiens Sonnenterrasse
Lombardei	(Industrielles) Herz Italiens
Marken	Italien im Kleinen
Sardinien	Smaragdinsel des Mittelmeers Caribbean of Europe (Europas Karibik)
Sizilien	Trinakria (Dreibein), Gottes Küche
Toskana	Land der Sehnsucht (deutsche Sicht)
Trentino	Finnland Italiens
Umbrien	Grünes Herz Italiens Kleine Schwester der Toskana

Spanien: Regionen

Region	Beiname
Andalusien	Land der hundert Feste
Asturien	Grünes Paradies
Baskenland	Land in einem Land
Extremadura	Land der Eroberer (Terra de Conquistadores y Lusitanos)
Galizien	Land der tausend Flüsse
Katalonien	Land in einem Land Land der Koexistenz
Kanarische Inseln	Inseln des ewigen Frühlings
Kastilien-Leon	Land der Burgen, España del Asado
Kastilien-La Mancha	Das Zentralgebiet
La Rioja	Weinprovinz
Madrid	Madriles, El Foro Der Bär und der Erdbeerstrauch
Mallorca	Dame des Mittelmeeres 17. Bundesland (deutsche Sicht)
Murcia	Gemüsegarten Europas
Navarra	Kleiner Kontinent (El pequeno continente)

Portugal-Regionen

Region	Beiname
Alentejo	Armenhaus Portugals Schatzkammer Portugals Kornkammer Portugals
Algarve	Portugiesische Riviera
Madeira	Blumeninsel
Minho	Costa Verde, Grünes Minho Garten Portugals
Sao Miguel	Grüne Insel (Azoren)

US-Bundesstaaten

Bundesstaat	Beiname/Nickname
Alabama	Heart of Dixie, Camelia State, Yellowhammer State
Alaska	The Last Frontier (nicht-offiziell)
Arizona	Grand Canyon State, Apache State
Arkansas	Natural State, Razorback State
California	Golden State
Colorado	Centennial State
Connecticut	Constitution State, Nutmeg State
Delaware	First State, Diamond State
Florida	Sunshine State, Manatee State, Citrus State
Georgia	Peach State, Empire State of the South
Hawaii	Aloha State
Idaho	Gem State
Illinois	Prairie State, Land of Lincoln
Indiana	Hoosier State
Iowa	Hawkeye State
Kansas	Sunflower State
Kentucky	Bluegrass State
Louisiana	Pelican State
Maine	Pine Tree State
Maryland	Old Line State, Free State
Massachusetts	Bay State, Old Colony
Michigan	Great Lakes State, Wolverine State
Minnesota	North Star State, Gopher State
Mississippi	Magnolia State
Missouri	Show Me State
Montana	Treasure State
Nebraska	Cornhusker State
Nevada	Sagebrush State, Silver State
N. Hampshire	Granite State
New Jersey	Garden State

Bundesstaat	Beiname/Nickname
New York	Empire State
North Carolina	Tar Heel State, Old North State
North Dakota	Peace Garden State
Ohio	Buckeye State
Oklahoma	Sooner State
Oregon	Beaver State
Pennsylvania	Keystone State
Rhode Island	Little Rhody, Ocean State
South Carolina	Palmetto State
South Dakota	Coyote State, Mount Rushmore State
Tennessee	Volunteer State
Texas	Lone Star State
Utah	Beehive State
Vermont	Green Mountain State
Virginia	Old Dominion
Washington	Evergreen State
West Virginia	Mountain State
Wisconsin	Badger State
Wyoming	Equality State, Cowboy State

Verballhornungen, abwertende Beinamen, Lob

California	Mexifornia
Connecticut	Corrupticut, the Rich State
Delaware	Liechtenstein of North America
Florida	God's Waiting Room
	Land of Newlyweds and Nearly Deads
Hawaii	Land of Newlyweds and Nearly Deads
Massachusetts	Crashachusetts, Taxachusetts
New Jersey	Garbage State
New York	Vampire State
Rhode Island	Rude Island (selten gebraucht)
Texas	Mexas
Vermont	The healthiest State

Kanada-Provinzen

Bundesstaat	Beiname/Nickname
Alberta	Princess Province, Sunshine Prov. Energy Province, Texas of Canada
Brit. Columbia	The Pacific Province, Lotus Land
Manitoba	Keystone Province
New Brunswick	The Picture Province, The Loyalist Province
Newfoundland	The Rock
Northwest Territories	Canada's Last Frontier, North of Sixty, Land of the Polar Bear
Nova Scotia	Canada's Ocean Playground, The Land of Evangeline
Prince Edward Island	Spud Island, Million Acre Farm, The Garden Province Abegweit, Minegoo, The Island
Quebec	La Belle Province
Saskatchewan	Wheat Province
Yukon	The Land of the Midnight Sun

Australien - Bundesstaaten

Bundesstaat	Beiname/Nickname
New South Wales	First State
Northern Terr.	Outback Australia
South Australia	Festival State, The Wine State Defense State
Tasmania	Apple Isle, Holiday Isle, Natural State
Victoria	Garden State
Western Australia	The Real Thing, Golden State State of Excitement
Queensland	Sunshine State, Smart State

Regionen in Lateinamerika

Region	Beiname/Nickname
Mexiko (Bundesstaaten)	
Baja California	Aquarium der Welt
Chihuahua	Der Große Bundesstaat Senora del Desierto
Jalisco	Land des Tequila und der Mariachis, Land der Machos
Mexico D. F.	De Efe, Chilangolandia
Oaxaca	Land der sieben Moles (Soßen)
Tabasco	Die Energieprovinz
Brasilien (Bundesstaaten)	
Minas Gerais	Das wahre Brasilien
Parana	Kornkammer Brasiliens
Piaui	Lederzivilisation
Rio Grande do Sul	Texas Brasiliens
Sao Paulo	Lokomotive, die 26 Waggons zieht
Santa Catarina	Europa in Brasilien
Argentinien (Provinzen)	
Salta	Salta, die Schöne (La Linda)
Tucuman	Garten der Republik (El Jardin)
Cordoba	Herz Argentiniens (El Corazon)
Mendoza	Heimat des Aconcagua (El Hogar)
Kolumbien (Departemente)	
Arauca	Saudi Arauca
Antioquia	Land des ewigen Frühlings
Kuba (Provinzen)	
Camagüey	Texas Kubas
Matanzas	Athen Kubas (Atenas de Cuba)
Dominikanische Republik (Provinzen)	
Hermanas Mirabel	Provinz der Rechte der Frauen
San Pedro de Mac.	Heimat der Sportler

Regionen in Asien

Bundesstaat	Beiname/Nickname
Indien	
Andhra Pradesh	Reisschale Indiens (Rice Bowl of India)
Arunachal Prad.	Land der aufgehenden Sonne
Assam	Tea Capital of the World
Bihar	Armenhaus Indiens
Gujarat	Das Wirtschaftswunder
Himachal Prad.	Land of Gods (Land der Götter)
Kerala	God´s Own Country
Madhya Pradesh	Tiger State
Maharashtra	Economic Powerhouse of India
Punjab	Kornkammer Indiens
Rajasthan	Land of Princes
Uttarakhand	Land of Gods
Afghanistan	
Hellmand	Hell-land
Thailand	
Östl. Provinzen	Fruit Bowl of Thailand
Mae Hong Son	Thailand´s Switzerland
Indonesia	
Aceh	Balkon Mekkas
Bali	Insel der Götter
Philippinen	
Davao Region	Silicon Gulf
Sri Lanka	
Nordwesten	Coconut Triangle
Bali	Insel der Götter
Burma	
Pindaya Region	Schweiz Burmas
Korea	
Kangwon	Kartoffelprovinz

China: Provinzen

Provinz	Beiname/Nickname
Fujian	Garten am Meer
Guansu	Der Drache (Form der Provinz)
Guandong	Fabrik der Welt
Guizhou	Farbiges Guizhou
Hainan	Hawaii Chinas
Hubei	Provinz der tausend Seen
Qilu	Kalifornien Chinas
Qinghai	Sibirien Chinas
Shanghai	Paris des Ostens
Sichuan	Texas Chinas, Province of Abundance
Sinkiang	Chinas Wilder Westen
Tibet	Dach der Welt, Land der tausend Täler

China Provinzen: wörtliche Übersetzung

Provinz	Übersetzung	
Anhui	Schöner Frieden	
Fujian	Glückliche Einrichtung	
Guangdong	Östl. Gebiete	**Guangxi**: Westl. Gebiete
Hainan	Südliches Meer	
Hebei	Nördlich des (gelben) Flusses	
Heilongjiang	Schwarzer Drachenfluss	
Henan	Südlich des (gelben) Flusses	
Hunan	Süden der Seen	
Jiangxi	Westlich vom (Yangtse) Fluss	
Jilin	Glücklicher Wald	
Liaoning	Liao-Fluss	
Shaanxi	Westlich von den Durchläufen	
Shandong	Östl. Berge	**Shanxi**: Westl. Berge
Sichuan	Vier Ströme	
Xinjiang	Neue Ränder	
Xizang	Westliche Reserve	
Yunnan	Bewölkter Süden	
Zhejiang	Gekrümmter Fluss	

Nigeria: Bundesstaaten

Bundesstaat	Beiname/Nickname
Abia	God´s Own State
Adamawa	Land of Beauty
Akwa Ibom	Land of Promise
Anambra	Light of the Nation
Bauchi	Pearl of Tourism
Bayelsa	Pride of the Nation
Benue	Food Basket of the Nation
Borno	Home of Peace
Cross River	The People´s Paradise
Delta	The Big Heart
Ebonyi	Salt of Nation
Edo	Heartbeat of Nigeria
Ekiti	Fountain of Knowledge
Enugu	Coal City State
Gombe	Jewel in the Savannah
Imo	Land of Hope
Jigawa	The New World
Kaduna	Centre of Education
Kano	Centre of Commerce
Katsina	Home of Hospitality
Kebbi	Land of Equity
Kogi	The Confluence State
Kwara	State of Harmony
Lagos	Centre of Excellence
Nasawara	Home of Solid Minerals
Niger	The Power State
Ogun	Gateway State
Ondo	Sunshine State
Osun	State of the Living Spring
Oyo	Peace Setter State
Plateau	Home of Peace and Tourism
Rivers	Treasure Base of the Nation
Sokoto	Seat of the Caliphate
Taraba	Nature´s Gift to the Nation
Yobe	The Young Shall Grow
Zamfara	Farming is Our Pride

Literatur

Serge Debrebant, Mauritius Much
Japanische Schweine machen buubuu
Kleiner Reiseführer für Sprachliebhaber
Herder, Freiburg 2007

Hugo Kastner
Von Aachen bis Zypern
Geographische Namen und ihre Herkunft
Himboldt Verlag, Baden-Baden 2007

Wolfgang Seidel
Die alte Schachtel ist nicht aus Pappe
Was hinter unseren Wörtern steckt
dtv, München 2007

Theo Stemmler
Wie das Eisbein ins Lexikon kam
Ein unterhaltsamer Gang durch die deutsche
Wortgeschichte
Dudenverlag, Mannheim 2007

Karten

Atlas der Wahren Namen

- Etymologische Karte Welt
- Etymologische Karte Abendland

Kalimedia, Lübeck 2008

Webseiten

Big Apple
http://www.barrypopik.com/

Mundmische
(Neue umgangssprachliche Ausdrücke und Slangworte)
http://www.mundmische.de

Netlingo
Siliconia: http://www.netlingo.com/word/siliconia.php

Redensarten.de
http://www.redensarten-index.de

Tasty Bits from the Technology Front, Siliconia
http://www.tbtf.com/siliconia1.html

Zürinet, Züri Slängikon
http://zuri.net/default.asp?action=slang&upd=2&themaID=49

Wikipedia

Ireland (List of Irish county nicknames)
http://en.wikipedia.org/wiki/List_of_Irish_county_nicknames

Schweiz (Landschaftsbezeichnung)
http://de.wikipedia.org/wiki/Schweiz_(Landschaftsbezeichnung)

Nigeria (List of Nigerian state nicknames)
http://en.wikipedia.org/wiki/List_of_Nigerian_state_nicknames

USA (List of U.S. state nicknames)
http://en.wikipedia.org/wiki/List_of_U.S._state_nicknames

Weitere Beinamenbücher von Richard Deiss

(siehe www.bod.de)

Der Nabel des Mondes und die Träne im Indischen Ozean
333 Länderbeinamen und wie es zu ihnen kam
Books on Demand, Norderstedt 2019

Elbflorenz und Sprayathen
555 Städtebeinamen von Blechbudenhausen bis Schlicktown
Books on Demand, Norderstedt 2020

Hibbdebach bis Dribbdebach
222 Stadtteilbeinamen und was dahintersteckt
Books on Demand, Norderstedt 2019

Silberling und Bügeleisen
1000 Spitznamen in Transport und Verkehr und was
dahintersteckt
Books on Demand, Norderstedt 2019

Schwangere Auster und Hohler Zahn
555 Gebäudebeinamen und was dahinter steckt
Books on Demand, Norderstedt 2019

Schicksalsberg und Himmelsauge
777 Beinamen von Bergen, Tälern, Inseln, Flüssen und Seen
Books on Demand, Norderstedt 2019